喜获法学博士学位后，向杨东录教授献花

应邀在中央电视台《军事纪实》栏目发表专家意见

应邀为舰队新任党支部书记培训班辅导授课

与人道法国际学院的工作人员合影(意大利圣雷莫)

与北京市律师协会业务指导与继续教育委员会主任钱列阳律师在青岛某军营"兵法苑"

应邀为某部法律知识竞赛作现场点评

与人道法国际学院的澳大利亚籍教官亲切交流

与宋云霞教授等中外军事法律顾问在圣雷莫人道法国际学院

应邀到北京市律师协会进行专题辅导授课

陪同山东省高院领导视察驻青某舰艇部队

与鲁笑英教授在中国人民大学参加法学研讨会

应邀在中国政法大学军事法前言论坛点评发言

在舰队"送法下基层"活动中辅导授课

"送法下基层"活动路上突遇暴雪

陪同北京律协钱列阳、武丽君、肖卫东等知名律师送法进军营

跟接受其捐资助学的蓝田县九间房镇中心中学的同学在一起

在到秦岭深处捐资助学的路上,与学员队田建明政委一览众山小

心性恬淡,亲和自然,高山流水,源远流长

西安政治学院博士论坛的常客

读博期间喜获学院第十七届运动会 3000 米长跑比赛铜牌

脱下军装改穿律师袍

山东水兵律师事务所开业剪彩

部分荣誉证书和资格证书

"水兵律师"王明勇

张维武　张　乐　杨颖琛　著

知识产权出版社
全国百佳图书出版单位

图书在版编目（CIP）数据

"水兵律师"王明勇 / 张维武，张乐，杨颖琛 著. —北京：知识产权出版社，2017.4
ISBN 978-7-5130-4831-6

Ⅰ.①水… Ⅱ.①张… ②张… ③杨… Ⅲ.①王明勇—生平事迹
Ⅳ.①K825.19

中国版本图书馆CIP数据核字（2017）第064094号

内容提要

本书是对王明勇律师作为一名优秀的军队律师和业务指导老师的肖像素描，也是对他三十年军旅生涯的回顾总结。本书收录了王明勇作为优秀军队律师的职业感言和心得体会，也对其经办的部分经典案例进行了经验总结，从管中窥豹的部分案例的成功办理与精彩表现，不难看出王明勇律师一以贯之的敏捷思维和快速反应，法律人的冷静理性和勇敢担当，精益求精的工匠精神，以及总是把别人的事情当作自己的事情来办的服务意识。

责任编辑：刘晓庆　　　　　　　责任出版：刘译文

"水兵律师"王明勇
SHUIBING LÜSHI WANGMINGYONG

张维武　张　乐　杨颖琛　著

出版发行：知识产权出版社 有限责任公司	网　　址：http://www.ipph.cn
电　　话：010-82004826	http://www.laichushu.com
社　　址：北京市海淀区西外太平庄55号	邮　　编：100081
责编电话：010-82000860 转 8073	责编邮箱：396961849@qq.com
发行电话：010-82000860 转 8101/8029	发行传真：010-82000893/83003279
印　　刷：北京中献拓方科技发展有限公司	经　　销：各大网上书店、新华书店及相关专业书店
开　　本：787mm×1000mm　1/32	印　　张：7.75
版　　次：2017年4月第1版	印　　次：2017年12月第2次印刷
字　　数：100千字	定　　价：39.00元

ISBN 978-7-5130-4831-6

出版权专有　侵权必究
如有印装质量问题，本社负责调换。

漂亮的"失败"是另一种成功（序一）

在明勇博士即将告别军营离开部队之际，看到了本科毕业于清华大学法学院的张乐硕士、杨颖琛硕士、张维武检察官，以及北京大学的高才生何鎏硕士与中国政法大学的青年才俊陈建孝硕士等人用心写就的这本《"水兵律师"王明勇》。在欣喜之余，不免心生无限感慨，没想到思绪中久久挥之不去的，竟然是"漂亮的'失败'是另一种成功"这句话。

所谓"漂亮的'失败'"，是指明勇博士即将告别曾经为了履职尽责而付出的艰辛努力，为了追逐梦想而挥洒的青春热血，为了理想信念而坚定执着的火热军营。拿破仑说："不想当将军的士兵不是好士兵。"如果单纯从没有当上将军这个角度来看，明勇博士似乎是一个令人叹息的"失败者"。

但是，从明勇博士在部队服役期间堪称优秀的表现，从他在部队司法战线上所经历的那些堪称经典的案例，从他用"挤出别人喝咖啡的时间"撰写出版的洋洋洒洒总计八十余万字的《胜诉策略与非诉技巧：打赢官司的50个要点》《法治照耀幸福生活》和《中国军事法律顾问制度研究》等三本专著，在《法学杂志》《中国律师》《海军学术研究》《政工导刊》等发表的二十多篇论文，以及从他为实现法治强军而添砖加瓦的《赴亚丁湾、索马里海域执行护航任务涉及的法律问题解答》官兵口袋书和《法律战研究》军校教学用书等著作来看，明勇博士无疑又是一个令人钦佩羡慕的成功者。

明勇博士在工作学习上勤奋刻苦，在理想信念上坚定执着，在法律业务上精益求精，在办案思路上不拘一格，在对年轻人"传、帮、带"上倾囊相授。当然，我对明勇博士强烈的责任感与事业心尤为敬佩，并由此认定明勇博士的转业离队虽有些许遗憾，但却不失为一种"漂亮的失败"，漂亮到可以用"华丽转身"来形容。

明勇博士选择自主择业后，先是在北京谦君律师事务所

漂亮的"失败"是另一种成功（序一）

担任执行主任，之后又与几名志同道合者酝酿成立一家以复转军人和党员骨干为主体的特色律师事务所。这两家不同律师事务所的主打业务，也都是涉军法律服务，这与明勇博士转业之前一直从事的部队与军人军属涉法维权工作大同小异。因此，对明勇博士来讲，脱下军装来到地方只是工作环境、工作条件、工作身份发生了变化，工作性质并未改变，仍是社会主义法治的建设者和维护者，仍在为法治强军贡献着自己的力量。

多年来，明勇博士给我的印象是丰富而简单、大气而细心，可谓"心有猛虎，细嗅蔷薇"。首先，他的经历丰富。他从一名普通的潜艇水兵到能够指挥潜艇驰骋深海大洋的全训副艇长，从基层作战部队主官到舰队政治机关干部，从舰队军事检察院主诉检察官到舰队法律服务中心兼舰队法律顾问处主任，从优秀军队律师到地方仲裁委员会的知名仲裁员，从海军上校军官到地方律师事务所主任，每一次转身都华丽而耀眼。其次，他的涉猎兴趣十分广泛。他从工学学士到军事学硕士再到法学博士，从潜艇鱼水雷部门长、潜艇副艇长、水文气象工程师、二级心理咨询师、田径二级裁判员、帆船二级裁判员，到资深律师、主诉检察官、仲裁员、律师事务所主任，这些岗位无不展现出明勇博士进取的精神、过人的精力、坚韧的毅力和旺盛的斗志。

说明勇博士简单，是因为他无论在工作还是生活中，仅凭一颗简单而质朴的心为人处世，不计个人得失，不搞权钱交易，干一行、爱一行，专一行、精一行；与人交往坦诚相待，真诚直率，心中不设城府，也不追名逐利，既能"谈笑有鸿儒"，也能"往来有白丁"。在我所认识的朋友和同事中，说到明勇博士时，他们跟我都有几乎相同的感觉，明勇博士身上所体现的这种纯净自然的品质，在当今这个不乏物欲横流的环境中实属难能可贵。

明勇博士大气豪爽，遇事敢于担当且善于决策拍板；面对困难从不畏惧，常在看似山穷水尽之处另辟蹊径，找到曲径通幽的对策。在明勇博士的身上，还处处体现着法律人所独有的观察问题细致入微、思考问题严谨缜密的特点。他经常能从枯燥乏味的法律条文或合同文本的细微之处发现蛛丝马迹，通过"于不疑处存疑"而"大胆假设，小心求证"，从而出其不意地找到解决问题的节点和突破口。毫无疑问，具备如此优秀的品质，一方面靠他极高的个人天赋，另一方面更是他后天不断努力的结果。恐怕这才是明勇博士及其团队能够不断取得骄人成绩的根本原因。

张乐、张维武等人为我们奉献的这本《"水兵律师"王明勇》，既是对明勇博士作为一名优秀军队律师和业务指导老师的肖像素描，也是对他三十年军旅生涯的回顾总结。该书既精心收录了明勇博士作为优秀军队律师的职业感言和心得体会，也对明勇博士经办的部分经典案例进行了经验总结，同时还对明勇博士今后可以为大家提供法律服务的项目与范围进行了简单介绍。该书虽不至于包罗万象，但却足以让我们窥一斑而见全豹。

该书的行文风格一如明勇博士的为人，既简单流畅、大气率性，又幽默风趣，将明勇博士办案过程中令人拍案叫绝的思路对策和复杂深奥的法律知识，如数家珍一般娓娓道来，让人近距离地领略明勇博士或嬉笑怒骂、或诙谐幽默、或聪明睿智、或爱憎分明的为人处世风采；同时，也可让人增长知识、开阔眼界、启发思路、提高法治思维与法治方式的能力水平。

"水兵律师"王明勇

　　当前,构建法治社会是我国面临的一个重要课题和任务目标,需要全社会各阶层各领域的共同努力。这其中既离不开深邃智慧的法理思想,精巧周到的法规设计,也离不开对法律的精准理解和不打折扣的实际执行。相信这本书的出版,一定会有助于广大读者学法、知法、守法、用法,让人们更好地培养法治思维,形成法治习惯,学会运用法律手段解决问题。在此我也祝愿明勇博士在今后的法律工作中继续劈波斩浪,为我国我军的法治建设作出更大的贡献!

　　是为序。

钱建军
2016 年 12 月于青岛

钱建军,原海军北海舰队副政治委员,海军少将。

奇人王大哥（序二）

在还不认识王明勇大哥的时候，就知道他是个奇人。

2012年9月，我以清华大学应届毕业生的身份正式入读解放军西安政治学院。因为地方大学入伍研究生需要利用暑假时间提前军训，所以我比王大哥这样的部队生早到校几十天。游荡在学院研究生公寓大楼，随意翻看新生花名册，我便记住了"王明勇"这个名字。研究生公寓中唯一的单人单间"豪华"学员宿舍，44岁读博的"大叔"年龄，海军北海舰队法律服务中心主任的功成名就，这些无不昭示着这位博士同窗的与众不同。后来，交往渐多，"大叔"成了"大哥"，我也看到了他的更多神奇之处。

"水兵律师"王明勇

一奇，博士爱实践

印象中的文科博士大多皓首穷经于象牙塔，偶有乡野调查，却鲜有社会实践和真操实干，而王大哥则让我见识了文科博士的另外一面。读博期间，他不仅照常履行舰队法律服务中心主任的职责，坚持奋斗在部队与军人军属涉法维权的第一线，而且先后受聘担任青岛仲裁委员会和西安仲裁委员会的仲裁员，并担任青岛仲裁委的法律宣讲团成员，以"君子之争，和谐仲裁"理念促使当事各方停止纷争。他不仅传道授业解惑，倾尽所能培养我、张维武、杨颖琛和陈建孝等末学后辈，为军队法治事业传递薪火，更与众多军中法律同道奔走呼吁，促使"军事法律顾问"成为党的十八届四中全会的关键词之一。他用心写就的《中国军事法律顾问制度研究》一书，为人津津乐道，为国防和军队改革提供了有益参考。他用实践证明，博士不是两耳不闻窗外事的一介书生，而是理论联系实践的实干家。

奇人王大哥（序二）

二奇，不疑处生疑

王大哥常说"思路决定出路，态度决定高度"，他看待问题的思路颇为新奇，往往与常人大相径庭。读博期间，他曾问过我们这样一个问题："何谓警察？"当时我绞尽脑汁，试图给出一个新华字典或百度百科式的回答——"国家强制力的执行人员之一"，没想到他却轻松自信地说："所谓警察，就是警之于先，察之于后"。好一个生动形象的解答！说文解字，追根溯源，令人恍然大悟、回味无穷。事实上，他的许多办案思路，都如同这个解释中的"警之于先、察之于后"，天马行空、不拘一格，但却直击要害、颇具奇效。正是这种"做学问于不疑处生疑"的思维习惯和独出心裁的思路策略，才让王大哥经典案例层出不穷。

"水兵律师"王明勇

三奇，律师重人情

  现代社会，律师常常被吐槽"脸厚心黑"，即便如《离婚律师》《律政俏佳人》中的律师，也是理性有余、人情不足，而王大哥则不然。不提他与多位当事人超越委托代理合同的金钱关系，成为生活中的知交好友；不提对方当事人在输了官司又赔钱之后，反而找上门来，想要与他交朋友；单说一个我亲身见证的，王大哥走访慰问当事人父母的故事。刘某因涉嫌走私犯罪被收押在山东青岛某看守所，他远在河南南阳的年迈父母多番打探，终于找到王大哥为其辩护。接案后，王大哥本已厘清案件的前因后果并已提出明确的辩护思路，很好地尽了律师的职责，但又念及刘某十分挂念父母，却身陷囹圄难以尽孝道的无奈，更体恤刘父刘母年高体弱，心系亲子而无力奔走探望的苦衷，特意抽出五一假期前往南阳，替刘某探视双亲，宽慰老人。之后不久，刘父突发心脏疾病离世。我想，临终之前能够当面听到代理律师的真诚劝慰，刘父的遗憾应该会少一些吧！

奇人王大哥（序二）

四奇，纯真守本心

都说社会是大染缸，久历世事、看淡风雨，人心渐渐似铁，再也不会轻易被打动。拿我自己来讲，看到路边乞丐，大多时候只是轻叹一声，加速走过。某日与王大哥同行，路遇一乞讨老人，王大哥快步上前，送尽了身上零钱，之后对我语重心长地说了句："不管是不是职业乞讨，看到老人，能帮就帮吧！"学院有一执勤战士，因站岗放哨与王大哥成为点头之交。某日，他有一事相求，王大哥二话不说，慷慨解囊，倾其全力相助。问起来，他只道："事急不等人，哪能顾得上考虑战士与我熟不熟，会不会还钱呢？"去陕西省蓝田县李家坪小学走访慰问，他眼见学校条件简陋，留守学生贫苦无依，心里不忍，就主动捐资助学，并帮助筹资更换能够通风换气的塑钢门窗，后来又使该贫困山区小学第一次用上了电暖器。此外，王大哥还与蓝田县九间房镇中心中学的两名家境贫困的留守学生结成帮扶对子。所谓"做人于有疑处不疑"和"不忘初心"，王大哥践行的就是这个道理吧！

"水兵律师"王明勇

五奇，转折华彩多

　　人往往在熟悉的道路、熟悉的领域最有安全感，因而轻易不愿改弦易张。然而，翻开王大哥的履历，他的人生却屡屡在最华彩处华丽转身。投身海军后，我逐渐知道了潜艇全训副艇长的光辉闪耀，往前一步就是驾驭水下蛟龙、纵横深海大洋的潜艇艇长，一条可以步步高升的指挥军官的康庄大道摆在眼前，但是他却毅然转身，成为一名军中法律人。44岁，历经专职律师、主诉检察官、法律服务中心主任等多重岗位历练，功成名就，他又断然决定放弃专车、助理等各种优厚待遇，而去攻读法学博士学位，实践与理论交融，为国防和军队法治建设再添薪火。现如今，已近知天命之年的王大哥，本可以躺在功劳簿上等待退休，但却毅然选择了二次创业，支援地方法治建设。

　　少年入伍，王大哥对军营有深厚的感情。脱下军装，并非不爱部队，而是为了在更广阔的平台帮助更多的百姓化解纠纷、帮其维护权利。在王大哥即将告别军营之际，我与同学张维武、杨颖琛、陈建孝,以及神交已久的"隔壁学校"(北京大学)高才生何鎏律师一道,借用《中国军法》杂志(2010年,总第103期)宣传报道王大哥的标题《"水兵律师"王明勇》出版该书,既是对王大哥三十年军旅生涯的回顾总结,也是对他作为军中法律人十几年司法实践的素描画像。期盼更多的人能够通过该书了解王大哥及其为之努力奋斗的事业,也期盼该书能够帮助更多的人提高运用法治思维与法治方式的能力。最后,衷心地祝愿王大哥的人生之路更加宽广,衷心祝愿法治照耀每个人的幸福生活!

张乐

2016 年 12 月于浙江舟山

矛盾的统一体（序三）

能和张乐、张维武、杨颖琛、陈建孝等如此优秀的来自于军营法律战线的青年才俊，一起为王律师"画像"——合作出版《"水兵律师"王明勇》，既是我的荣幸，也是我的责任。毕竟我们都曾或多或少地接受过王明勇律师在法律业务上的悉心指导和在人格魅力上的真诚感召。花开数朵，各表一枝。接下来，我给大家介绍一下我所认识的王律师。

第一次见到王律师，是北京谦君律师事务所的武丽君主任向我们隆重介绍："同志们，咱们的'男神'来了！"于是，我们谦君律师事务所的全体"金花"列队欢迎。可王律师竟如此自谦自嘲地说："我就是一痞子！"呃，"男神"和"痞子"，岂不矛盾？可是在接下来的进一步接触的过程中，我才慢慢地发现，这两者竟然在王律师的身上实现了和谐统一。事实证明，在王律师身上可谓矛盾无处不在，却又浑然一体。下面就容我为列位看官一一道来。

矛盾一：跨界 & 专一

最近有一个词特别火，叫跨界。这个词用在王律师身上可以说是再合适不过了。如果说工学学士、军事学硕士、法学博士只能算是传说中的复合型人才的话，那么集潜艇水兵、潜艇指挥官、水文气象工程师、心理咨询师、田径与帆船裁判、优秀律师、高级检察官、知名仲裁员和全国、全军法制宣传教育先进个人等于一身，这样的跨界人生可以说是太过丰富多彩了吧。

更难能可贵的是，无论在海军北海舰队法律服务中心，还是自主择业到地方律师事务所，王律师都将涉军法律服务作为自己的主业方向，并真心实意地把为部队和军人军属提供法律服务作为自己的根本职责和奋斗目标。王律师对于法律尤其是对涉军法律服务的这份专一与执着让人钦佩。

矛盾二：自恋＆尊重

对于经手的每一个案子、每一份文书，王律师都力求尽善尽美。他的信条是：只要去做，就要争取做到最好！在王律师的字典里，压根儿就没有"差不多"或者"应付了事"。一句话、一个词、一个字，甚至一个标点符号，他都要反复推敲，字斟句酌。

细节决定成败，王律师只出精品。我就曾亲见他一篇文章前前后后都改将近一百遍了，还在不断地打磨。类似种种，着实让我们这些后生晚辈自愧不如，汗颜不已。高标准、严要求的王律师在业务上总是充满自信……有时甚至可以想象出王律师在完成一份完美无缺的文书或一个无懈可击的案件之后，那种心满意足、自我陶醉的样子。我想，这就是传说中的"如切如磋""如琢如磨"的精益求精的工匠精神吧。

在严于律己的同时，王律师却对上至高级领导，下至普通百姓，乃至诉争对手，都报以最大的尊重，能够设身处地为每一个当事人着想。不言而喻，王律师的谦虚谨慎、诚实守信、言出必行和勇于担当，让他赢得了几乎所有与他有过接触的人的发自肺腑的尊重与感动。

矛盾三：阳春白雪＆下里巴人

王律师几乎手不释卷，无论在拥挤嘈杂的地铁上，还是在等待上菜的餐桌旁，他都能旁若无人津津有味地展卷阅读。王律师不仅勤于思考、善于观察，而且笔耕不辍，发表著作和论文已达百万余字。其中，既有通俗易懂的《胜诉策略与非诉技巧：打赢官司的50个要点》《法治照耀幸福生活》等普法类作品，也有专业性、理论性较强的《中国军事法律顾问制度研究》和《法律战研究》等学术著作，能在高雅和通俗之间游刃有余地自如切换。

这本《"水兵律师"王明勇》，可以说是由王律师的众多高徒用心写就的。这些年轻的法律人站在旁观者和学生的角

矛盾的统一体（序三）

度，精心挑选了王律师不同领域、不同类别的二十个典型案例，用朴素自然的语言娓娓道来。全书找不到一句晦涩难懂的法律术语，即使是法律的门外汉也能毫不费力地一口气读完，只因该书面向的就是普通的老百姓和广大的部队官兵。

听说王律师的《胜诉策略与非诉技巧：打赢官司的50个要点》和《法治照耀幸福生活》读者中的年龄最小者，竟然只有十四岁！从《"水兵律师"王明勇》的行文风格看，"后浪们"无疑是打算用这本书来挑战一下"前浪"的读者年龄最小纪录。恐怕这些初出茅庐的后辈们是想用这本书告诉大家：大律师并不都是高不可攀的，眼前的这位还是蛮接地气的嘛！

我以为，王律师丰富的人生阅历给了他与众不同的思维方式和看问题时独辟蹊径的见解，他似一名大隐隐于江湖的武林高手，总是剑走偏锋、出奇制胜，而且经常四两拨千斤，笑傲江湖。他又像一座冰山，至多只有八分之一的部分呈现给了我们，蓄积起来的力量则隐藏在水面之下，深不可测。他让人有目共睹的成绩就是那浮现的冰山一角，而日积月累和蓄势待发的，则是那隐藏在水面之下的、默默付出的艰辛与努力。

"用自己的知识与智慧,把不可能变成可能",大概这就是一名职业律师的魅力与价值所在。

法律是一种信仰,更是一种情怀。他,始终在践行。

是为序。

何鋈

2016 年 12 月于北京丰台

目 录

一、人物小传 ·· 1
二、职业感言 ·· 6
三、论文著作 ·· 11
四、经典案例 ·· 15
 （一）诉讼篇 ······································ 18
  侵权类 ·· 18
  军地房地产类 ·································· 32
  刑事辩护类 ···································· 54
  婚姻家庭类 ···································· 66
  再审改判类 ···································· 73
 （二）非诉篇 ······································ 79
  涉军伤残补偿类 ································ 79
  房地产纠纷类 ·································· 98

　　　　人身损害赔偿类 ················· 131
　（三）商事仲裁篇 ················· 145
　（四）国际贸易纠纷篇 ················ 168
五、个人年鉴 ····················· 183
六、既往荣誉 ····················· 187
七、服务范围 ····················· 191
八、约王明勇喝茶，品大律师之道 ············ 193
附录一　作者简介 ··················· 195
附录二　王明勇在"第十届军事法前沿论坛"上的
　　　　点评发言 ··················· 197
附录三　五十岁的我，四十岁的鹰 ············ 201
附录四　虽然很年轻，但我们一定会很努力 ········ 220

一、人物小传

王明勇，男，汉族，山东寿光人，1968年4月出生，1987年11月入伍，2009年5月晋升海军上校军衔，中共党员，工学学士，军事学硕士，法学博士。

王明勇政治信念坚定，思想品德高尚，遇事冷静理性不盲从，观察问题细致入微，思考问题严谨周密，勤学善思博闻强识，在多学科多领域都有所斩获。近年来，王明勇发表的文章与出版的专著累计已达一百余万字，取得二级心理咨询师、田径二级裁判员、帆船二级裁判员和法律职业资格证等多种资格证书。他既当过潜艇全训副艇长，也做过舰队政治机关干部；既当过主诉检察官，也作过军队律师。不论在什么岗位，也不论从事什么工作，他总是干一行、爱一行，

"水兵律师"王明勇

专一行、精一行。

王明勇有很强的责任感与事业心，虽出身行伍但不乏进取之心，岗位几度转换尽显华丽之态。先从普通一兵逐步成长为潜艇指挥军官，又从基层应急机动作战部队一跃而跻身于副大区级舰队领率机关。无论作为军事指挥员，还是担任政工干部，均有上佳表现，可圈可点。

1997年8月，王明勇曾在潜艇鱼水雷部门长岗位圆满完成所在支队历史上的第二次战雷实射任务。

2003年10月，王明勇在潜艇全训副艇长岗位通过司法考试取得法律职业资格证后，逐步走上职业法律人的道路。他曾担任海军北海舰队政治部司法办专职律师、海军北海舰队军事检察院主诉检察官、海军北海舰队法律服务中心主任等职务。同时，他也曾担任舰队首长机关、基层任务部队、军事院校和军工企业等多家单位的法律顾问，累计为当事人挽回、避免或减少经济损失总额超过人民币两亿元。其间，他分别被青岛仲裁委员会和西安仲裁委员会聘为仲裁员，并于2013年被青岛仲裁委员会聘为"仲裁法律宣讲团成员"。

一、人物传记

2007年6月，王明勇以代理律师的身份，以带兵打仗的胆识谋略，以心底无私天地宽的眼光境界，并以近乎完胜的战果，在经过青岛中院一审和山东省高院二审之后，促成舰队机关和诉讼相对方化干戈为玉帛，从而帮助首长机关妥善解决了曾经困扰舰队首长机关长达七年之久的舰队二区礼堂联建合同纠纷这一历史遗留案。结案后，时任舰队司令员的苏士亮将军欣然命笔："胜诉不易，教训深刻，王明勇同志功不可没"。

2010年11月，经最高人民检察院检察长曹建明批准，王明勇晋升为四级高级检察官。

2015年1月，王明勇成为中国法学会会员。

王明勇对于法治宣传教育可谓不遗余力，曾应首长机关、任务部队和院校与工厂企业之邀，举办"以法治的精神追求法律的公正""让法治照耀幸福生活"等专题讲座260余场次。2012年9月至2015年7月在解放军西安政治学院攻读博士学位期间，举办"老王教你打官司"系列讲座的相关消息，曾被《解放军报》《人民海军报》、人民网、新华网、中国律师网等媒

"水兵律师"王明勇

体竞相报道和转载。2015年1月，王明勇应青岛电视台《党建频道》之邀，在"党员大讲堂"栏目主讲"法治思维在工作中的运用"系列讲座。其中，第二讲的题目是《国家保密法解读与公民的保密意识》。

王明勇诚实守信、敬业乐群、扶危济困、乐于助人，既对张乐、张维武、杨颖琛等本科毕业于清华大学法学院的青年才俊在专业上倾囊相授，也常常对杨明秋、李洪建、张树春等士官出身的年轻律师进行谆谆教诲。王明勇不仅经常用其自身财力和物力资助阎蒙蒙、李阳等来自陕西省蓝田县大山里的贫困学生，还带动身边的朋友一起投身于公益事业。在王明勇的影响下，青岛丰汇旅游服务有限公司的徐利利女士，仅2014年6月就慷慨解囊捐资一万余元，帮助蓝田县九间房镇李家坪小学更换双层塑钢门窗，从而彻底终结该校教室几十年不能开窗透气的历史。

2014年11月，王明勇又商请北京谦君律师事务所的武丽君主任无私捐助三千多元，让这些大山里的孩子第一次在教室里用上了电暖器。对此，王明勇不无自豪地说：只要我们付出一点爱心，这些来自大山里的孩子就会感觉到光明和温暖，从而迈开逐梦的脚步，鼓起生活的风帆。

2015年6月起，他先后两次应中央电视台"军事与农业"栏目组之邀，就军事法律顾问制度建设等"法治强军"话题发表专家意见。

由于业绩突出、影响较大，《中国军法》杂志曾在2010年第2期，以"'水兵律师'王明勇"为题予以专题报道。

2011年9月，王明勇被解放军四总部表彰为"2006—2011年全军法制宣传教育先进个人"。

2011年6月，王明勇被中宣部、司法部表彰为"2006—2011年全国法制宣传教育先进个人"。

二、职业感言

和王明勇律师认识越久、接触越深，你就越能发现他不但可以"低头拉车"，而且能够"抬头看路"，无论对人生，还是对事业，亦或对生活都有其独到见解。无论面对法律上的困惑者，还是面对人生迷茫者，王明勇律师往往一句话就能点醒梦中人。下面，撷取其职业感言十句，以便窥一斑而见全豹。

- 作为海军北海舰队法律服务中心的首任主任，早在中心成立之初，王明勇就旗帜鲜明地提出："一名合格律师，必须讲政治、有觉悟、重品行、精业务。"

- 在就执业律师的品德修养与能力水平关系问题向舰队首长汇报工作时，王明勇一针见血地指出："律师这个职业，

二、职业感言

应该做到人品与学问并举，人品重于学问。"

- 在海军北海舰队法律服务中心办公区的显要位置，贴着一条早在王明勇任职某潜艇副艇长时即已叫响全艇的口号："以素质立身，凭实绩进步。"

- 在海军北海舰队首届法律服务工作骨干培训班开业典礼上，王明勇慷慨激昂地说："如果代理律师都能设身处地为当事人着想，都能把别人的事情当成自己的事情去做，就没有办不好的案子！打官司不是打关系，而是打证据。要想打赢官司，必须依靠钻研法律！"

- 在对北京谦君律师事务所的律师同仁进行业务培训时，王明勇如此鼓励大家："要想成为一名好律师，就必须在潜意识里牢固树立'律师三无'原则，并脚踏实地身体力行。只有这样，才敢于在思路上开拓创新，才能够在业务上精益求精，才会在效果上追求卓越。"王明勇所谓的"律师三无"原则，就是指无权威、无极限、无经验。

- 在向舰队政治部分管首长夏克伟将军汇报律师工作时，王明勇言简意赅地说："简单地讲，律师工作就是四句话八个字，即资源、实力、信息和保密。"

- 在向张乐、张维武等清华大学法学院的青年才俊传道授业解惑时，王明勇语重心长地讲："一名成功律师必然会做到'三个明白'。一是要让自己明白，如果连自己都搞不明白，打赢官司就无异于痴人说梦；二是要让法官明白，只有通过积极沟通和有效抗辩让法官明白案中来龙去脉和是非曲直，才能帮助当事人打赢官司；三是要让当事人明白，如果当事人不明白你的思路和策略，不知道你所付出的积极努力，就不可能发自内心地理解并尊重你的辛勤付出，律师也就不可能真正体验到被理解和被尊重的快乐。"

- 攻读博士学位期间，在西安政院举办"老王教你打官司"系列讲座时，王明勇曾问在座听众什么是好律师？当时几乎众口一词的答案，都是"能够帮人打赢官司就是好律师"。对此，王明勇微微一笑，解释说："其实不然。诸位在法庭上见过多少不喊冤枉的被告？而原告之所以提起诉讼，有哪一个不是觉得天理昭昭，打不赢官司就不算讨回了公道？可以讲，打赢官司几乎就是每一名案件当事人的共同心理预期，都认为打赢官司理所当然。这就不难理解

二、职业感言

为什么有的律师尽管帮人打赢了官司，但却得不到应有的理解和尊重，有的当事人甚至还恩将仇报。相反，如果打输了官司，还能得到当事人的理解和尊重，还能让当事人对你的能力素质和人格修养暗竖大拇指，那么你就一定是一名值得尊重和信任的好律师。"

- 当索赔总额高达1.6亿元的某天价军用土地使用权出让合同纠纷案，在以超乎想象的150万元极低价格圆满结案后，针对其中的经验教训王明勇禁不住感慨道："一名法律顾问，如果不能贯彻全程参与的原则，后果必将不堪设想，起码不会做好法律顾问工作。具体而言，就是要坚持'事前预防、事中控制和事后救济'三位一体原则，以'事前预防'为主，'事中控制'为辅，兼顾'事后救济'。甚至要从合同签订以前的立项论证或协商谈判开始，只有全程参与顾问项目，才能适时跟踪，及时收集、固定证据。即便不能完全防患于未然，也会及时亡羊补牢。"

- 在应邀为海军首届军队律师业务培训班辅导授课时，王明勇倡议："律师一定要讲究诚信，律师行业也是无信不立。律师如果不讲诚信，就无异于在业务上自掘坟墓。对此，有人可能感觉不好理解,甚至有可能抱怨说律师讲诚信怎么可能打好官司?其实,打官司与讲诚信并不矛盾。对此,季羡林老先生给出了一个近乎完美的答案,即'我一辈子不讲假话,但真话我也不全说!'"

三、论文著作

在学术上,王明勇向来很自信,喜欢"于不疑处存疑",坚持"大胆假设,小心求证"的原则,心无旁骛地求根问源,在苦心孤诣中精益求精。对于涉及国家军事利益方面的敏感性和热点性话题,尤其是对于那些与法治强军有关的话题,王明勇总是在密切关注的同时未雨绸缪地对其进行思考和研究。

近年来,王明勇先后在《法学杂志》《中国律师》《政工导刊》《大连舰艇学院学报》《海军杂志》《海军学术研究》《潜艇学术研究》,以及中国人民大学法学院编辑的《现代战争对战争法的挑战论文集》、中国政法大学编辑的《军事法前沿论坛论文集》等刊物上发表与"法治强军"

有关的论文二十多篇。其中,《执行海上军事安全合作任务涉及的法律问题及对策思考》在 2010 年 7 月荣获海军优秀论文二等奖;《让一流律师走进深海大洋》在 2014 年 6 月被国防大学研究生百望论坛评为优秀论文;《让军事法律顾问成为拓展国家军事利益的尖刀和维护国家军事利益的固盾》在 2015 年 3 月荣获海军北海舰队训练基地优秀论文一等奖。

2005 年 6 月,与鲁笑英教授合著的《法律战研究》成为海军潜艇学院艇副长班与研究生教学的指定教材。

2008 年 11 月,王明勇作为全军优秀律师的代表之一,在总政司法局组织下前往意大利圣雷莫,参加人道法国际学院组织的"第八期海空战法培训班"。期间,在和来自美国、英国、德国、法国、丹麦、澳大利亚等传统海洋强国的军事法律顾问充分交流之后,王明勇针对日益猖獗的索马里海盗问题,以及我军可能远赴亚丁湾、索马里海域执行远洋护航任务等相关情况,在 2009 年 12 月 26 日我国海军第一批护航舰艇编队从湛江军港出航之前,未雨绸缪地研究并撰写了《赴亚丁湾、索马里海域执行护航任务涉及的法律问题解答》官兵口袋书。2010年,该书被海军军事检察院和北海舰队军事检察院联名再版,并下发至执行护航任务的各个部队。

2015年1月,王明勇在对"老王教你打官司"系列讲座的讲稿进行概括梳理,以及对自己执业经历回顾反思的基础上,在法律出版社出版约34.6万字的专著《胜诉策略与非诉技巧:打赢官司的50个要点》。

2015年6月,王明勇切合十八大报告要求的"各级领导干部都要提高法治思维与法治方式的能力水平"主题,并结合自己的法律工作职业感悟和学习心得,在清华大学出版社出版约19万字的专著《法治照耀幸福生活》。

2016年1月,王明勇根据党的十八届四中全会《中共中央关于全面推进依法治国若干问题的重大决定》提出的"要在军队建立军事法律顾问制度,在各级领导机关设立军事法律顾问,完善重大决策和军事行动法律咨询保障制度"总要求,结合自己担任舰队首长机关、任务部队、工厂企业和军事院校法律顾问的工作实践,并综合自己攻读军事法学方向

"水兵律师"王明勇

博士学位期间的感悟与思考,在广征博引的基础上,撰写并由清华大学出版社出版约 26 万字的专著《中国军事法律顾问制度研究》。

四、经典案例

自 2003 年 10 月通过司法考试取得法律职业资格证以来，无论是以军队律师的身份，还是以检察机关公诉人的身份，不论非诉讼案件中的磋商谈判，还是在仲裁案件中担任首席仲裁员，王明勇对其经手的每一个案件都能做到认真负责，尽心尽力；不论标的大小，都会同样对待，一视同仁；不管案件难易，总是小心谨慎如履薄冰；无论刑事案件、民事案件，还是商事纠纷或行政争议，王明勇总要秉承"思路决定出路，态度决定高度"的执业信条，精益求精，积极进取，累计为当事人挽回、避免或减少经济损失总额超过 2 亿元，经典案例层出不穷。

2005—2006 年，王明勇成功代理被媒体称为"人身损害

"水兵律师"王明勇

赔偿解释实施以来的全国第一案"——张小迪（化名）人身损害赔偿纠纷案。在媒体舆论几乎一边倒地谴责被告、同情原告，且在被告王忠堂一审败诉的情况下接受委托，顶住来自方方面面的巨大压力，尊重事实、精研法律、坚持法治原则依法办案，并最终代理被告二审胜诉。2005年12月6日至7日，中央电视台法制频道曾对本案予以连续报道。

2007年，王明勇帮助某精神分裂症患者通过申诉再审，一举推翻山东省高级人民法院八年前作出的生效判决，使该精神分裂症患者由常年依赖药物治疗的无业游民，依法恢复其应有的银行职员身份，探索出了一条依法扶危济困的新路。

2008年奥运前夕，为达到"消除军营周边一切安全隐患，全力配合青岛市政府平安办奥运"的目的，王明勇依法帮助驻青某军校成功解决多年来悬而未决的九宗房地产出租合同纠纷案，并在此敏感时刻，帮助该军校成功解决某学员因被勒令退学而和其母亲持续八年的上访、缠访和闹访的纠纷案。

2009年，通过和自称"法律上的明白人"（部队转业干部，资深刑警）斗智斗勇，王明勇仅以原告诉求六分之一的合理数额,帮助某军校妥善解决某学兵跳楼自杀赔偿纠纷案。

2009—2010年,王明勇以创造性的逻辑思维和灵活机动的战略战术,迫使原告自己突破其所主张的"定金罚则",仅以区区150万元的超低补偿,妥善圆满地解决索赔总额高达1.6亿元的海军某博物馆部分军用土地使用权出让合同天价索赔纠纷案。

2010年,在对案件准确定性的基础上,王明勇按照"尊重历史,对照现实,实事求是解决问题"的原则,帮助某部干休所妥善解决已经迟滞八年而未动一砖一瓦的老所改造纠纷案。此前,干休所及其上级主管部门曾经一度错误地认为自己违约,且有军职离休干部为了"赶走弄虚作假、骗取中标的开发商"而带着骨灰盒进京上访。

2011年,王明勇按照"有证据拿证据,无证据讲逻辑"辩护思路,帮助某军嫂据理力争,最终迫使检察机关以"证据出现变化"为由,主动撤销针对该军嫂的故意伤害刑事犯罪指控。

……

"水兵律师"王明勇

近年来，王明勇律师代理的不少案件，包括以主诉检察官身份代表国家提起公诉的案件和以首席仲裁员身份帮助处理的商事仲裁案件，使其在青岛乃至全国都有一定知名度，有的案例甚至被业内人士点赞称"堪称教科书一般的经典"。由于篇幅所限，我们摘选了以下 20 个案例，用以回顾王明勇作为优秀军队律师的执业历程、职业理念、办案体会和思想感悟。

（一）诉讼篇

侵权类

1. 因二十多年前过失枪击致人重伤而引发的"人身损害赔偿解释施行以来的全国第一案"

1981 年 1 月 27 日上午放学后，张小迪（化名）在同班女同学吴婧（化名）的陪同下，按照老师的要求去给同班同学王赢（化名）送考试成绩单。那天王赢因病请假没去上学，在百无聊赖之中，竟然翻箱倒柜把其父亲王忠堂（化名）藏在卧室床下的"59"式家庭自卫手枪找了出来擦拭把玩。王忠堂当时尚未退休，系军队高级干部，又系尚未停飞的功勋飞行员，曾在抗美援朝战场上击落美军战机两架。组织上为其配备家庭自卫手枪既是飞行员的工作需要，也是保护高级干部的安全需要。

听到有人敲门，正在偷偷"作业"的王嬴惊慌失措之际来不及把刚刚卸下弹夹的手枪藏好，急忙跑去为张小迪她们开门。没想到在王嬴专心致志看成绩单的时候，张小迪悄悄进入王忠堂的卧室去给另外一名高中同学打电话。吴婧出于好奇，也悄悄跟随张小迪进入王忠堂的卧室。发现王嬴匆忙之间放在床头柜上的手枪后，吴婧好奇地拿起来把玩，并开玩笑地将枪口对准了正在打电话的张小迪。接下来，悲剧发生了。随着一声沉闷的枪响，张小迪应声倒地。经法医鉴定，张小迪因吴婧过失枪击造成第一胸椎开放性骨折，重伤，一级伤残。

事情发生后，王忠堂派人将张小迪送入青岛当时最好的解放军401医院抢救治疗，并帮助协调解决了全部医疗费

1000余元。之后，青岛市市南区人民检察院则以过失致人重伤罪为由，将王赢、吴婧公诉至青岛市市南区人民法院。经依法审理，市南区法院认定吴婧、王赢构成过失致人重伤罪，但是考虑其犯罪时尚未成年，且造成张小迪重伤结果纯属意外，鉴于吴婧、王赢和张小迪又是非常要好的同学关系，三家大人也因为孩子之间的同学关系而成为过从甚密好朋友的事实，遂判决对王赢、吴婧免于刑事处分。同时，法院考虑到张小迪的一级伤残结果，以婚姻法中"父母对子女有管教的义务"等相关规定，判决王赢、吴婧的父母共同赔偿张小迪人民币1万元。

张小迪的父母不服该一审判决，代理张小迪向青岛市中级人民法院提起上诉。青岛中院经依法审理，认为一审法院认定事实清楚，适用法律正确，量刑与处罚并无不当，遂判决驳回上诉、维持原判。1981年年底，二审判决作出后，王赢、吴婧的父母通过"砸锅卖铁"与"东借西凑"等方式，当年已实际履行完毕该生效判决。按理说，本案纠纷至此便已尘埃落定。

据王忠堂回忆，他们夫妇为履行判决而东挪西凑需要承担的5000元赔偿款的时候，国家尚实行供给制，不像现在实行工资制。那时需要赡养的老人和抚养的孩子又多，一般家庭都没有什么存款，他实在没有办法可想了，最后就通过组织出面帮助协调，从爱人单位借了400元"才总算完成判决确定的5000元筹款任务"。

然而，2004年5月1日《最高人民法院关于审理人身损害赔偿案件适用法律若干问题的解释》生效后，张小迪依据该司法解释第三十二条之规定，在时隔24年之后，对王赢、吴婧、吴婧和王赢的各自父母等一共6名被告，在青岛市南区法院再一次提起诉讼，要求其连带赔偿残疾赔偿金、护理费等综合损失共计96万余元。此时，王忠堂已离休。

由于张小迪再次起诉时恰逢该人身损害赔偿司法解释刚刚颁布施行，而张小迪由一名年仅17岁的花季少女，意外受伤之后在病床上一躺就是长达24年（第一胸椎开放性骨折导致高位截瘫），加之案件既涉军又涉枪，遂引发包括中央电视台在内的众多媒体和社会舆论的普遍关注。某权威媒体声称："张小迪长达24年之久的求偿之路，见证了中国法制从无到有，由弱到强的发展历程"，并由此断言："这是该人身损害

"水兵律师"王明勇

赔偿解释实施以来的全国第一案"。

青岛市南区人民法院经过开庭审理,认为张小迪在时隔24年后提起本案诉讼依法有据,同时认为被告据以抗辩的"二十年最长诉讼时效限制"和"一事不再理"等民事诉讼法基本原则对本案并不适用,同时认为王忠堂因违反武器保管规定,对张小迪重伤结果负有不可推卸的责任,遂判决王忠堂与其子王赢和吴婧一起连带赔偿张小迪综合损失45万余元。此外,判决驳回了张小迪对吴婧父母和王赢之母的起诉。王忠堂、吴婧、王赢不服该一审判决,向青岛中院提出上诉。其实,张小迪对该一审45万余元的判决赔偿结果也不满意,并在法定时间内向青岛中院提出了上诉。

在案件二审过程中,中央电视台法治频道以"法律保护你"为题,在2006年12月4日"法治宣传日"(自2014年起已改为宪法宣传日)之后的12月6日和12月7日,连续两天对本案进行了跟踪报道。在这样的敏感时期,再以"法律保护你"这个如此鲜明的主题,对张小迪人身损害赔偿纠纷案跟踪报道,其对社会舆论的导向作用不言而喻。

四、经典案例

离休将军王忠堂一审败诉之时,恰巧也是社会舆论对其谴责最猛烈的时候。在社会舆论几乎一边倒地同情原告张小迪、谴责甚至谩骂被告不近人情的情况下,王忠堂想找一个心甘情愿为其提供法律帮助的律师都非常困难。一般律师几乎都对这块"烫手山芋"退避三舍,甚至唯恐避之不及。事实上,即便本案不被媒体如此聚焦,不被舆论这样普遍关注,王明勇作为军队律师接受当事人委托代理类似案件也会比较慎重。接案之初,不但主管领导反对,甚至就连办公室的一名年轻同事,也以"世事洞明"的智者姿态,对王明勇谆谆告诫:"这个案子是块肥肉不假,但是可以确凿无疑地告诉你的是,本案百分之百的结果,就是这块肉你不但吃不到嘴里,还会反惹一身麻烦!"

尽管如此,王明勇还是基于对国家法治的信心和希望,出于对离休将军王忠堂的理解和尊重,不畏艰难险阻毅然接受王忠堂的郑重委托,勇敢地面对来自方方面面的压力和挑战,和王忠堂一起认真分析案情,精准研读法律,并进一步想方设法收集、固定证据。之后,他又在法庭上仗义执言据理力争,最终帮助王忠堂彻底打赢了这场看似毫无胜算的"人身损害赔偿司法解释施行以来的全国第一案"。

青岛中院经依法审理,认为发生于1981年1月27日的张小迪人身损害赔偿纠纷案当年已经尘埃落定。虽然《最高人民法院关于审理人身损害赔偿案件适用法律若干问题的解释》第三十二条规定"超过确定的护理期限、辅助器具费给付年限或者残疾赔偿金给付年限,赔偿权利人向人民法院起诉请求继续给付护理费、辅助器具费或者残疾赔偿金的,人民法院应予受理。赔偿权利人确需继续护理、配制辅助器具,或者没有劳动能力和生活来源的,人民法院应当判令赔偿义务人继续给付相关费用五至十年",但是该解释第三十六条又同时规定了解释的适用范围。就诉讼时效而言和"一事不再理"民法原则来看,张小迪时隔24年后重新起诉的这个案件,既不适用1987年1月1日开始施行的《中华人民共和国民法通则》,也不适用1991年4月9日开始施行的《中华人民共和国民事诉讼法》。而《最高人民法院关于审理人身损害赔偿案件适用法律若干问题的解释》恰恰就是针对这两部法律法规在司法实践中遇到的新问题和新情况所作出的解释。按照法定的法律适用原则,在本法都不应该适用的情况下,自然不能断章取义地适用其司法解释。因此，一审法院按照该人身损害赔偿解释判决案件属于法律适用错误，应予依法纠正。青岛中院同时认为，认定王忠堂违反武器保管规定缺乏事实和法律依据。至此，一审法院判决王忠堂承担的法律责任被青岛中院的二审判决全部推翻。

案件结束后，离休将军王忠堂怀着无比激动的心情，满怀感激地对王明勇说："案件最终胜诉使我面对的巨大精神压力陡然减轻，其作用要远远大于成功避免对我来说可能会有的96万元的经济损失！"

2. 既让肇事司机领受2年实刑，又通过"财产混同"让肇事车辆所属单位的关联公司赔偿62万余元的交通肇事犯罪案

2010年农历正月初五早晨八时许，青岛某园林设计有限公司的司机张某在徐州路与闽江路交界处发生交通事故，将正常横穿马路的退休女外科医生强某当场撞死。后经交警部门勘察认定，张某事发当时的车速虽仅为35公里多一点儿，但却系违章驾驶，应负本案事故的全部责任。

据了解，肇事司机张某家庭比较贫困，三代同堂，挤住于登记在其父名下的总面积不到70平方米的两居室里，没有任何经济赔偿能力。至于张某所属的园林设计公司，不仅极力辩称自己无责，而且拒绝代为赔偿。后经查证得知，该园林设计公司的账户余额几乎为零。于是，张某就以涉嫌交通肇事犯罪为由，被青岛市南区人民检察院公诉至青岛市市南区人民法院。

被告人张某所属园林设计公司的主要辩解理由有两个。一是其对司机张某的选任并无任何过错，并提交证据证明张某在最近三年之内没有任何交通违章的查询记录；二是本案事故发生时，正值法定节假日的春节放假期间，张某之所以此时开公司的车，非为执行公司职务，而是因为用车给岳母办丧事之后去公司还车，并提交证据证明张某的岳母在正月初二那天因病去世。

接受死者强某家属的委托担任其刑事附带民事诉讼代理人后，王明勇律师在阅卷之后禁不住掩卷沉思：从现有证据看，届时即便法院判决赔偿的数额再高，受害人强某的家属也很有可能连一分钱都拿不回来，因为肇事司机张某就是想赔偿也无钱可赔,否则他就不会甘愿被羁押而不申请取保候审了;张某所属园林设计公司不但极力辩称自己无责,而且账户余额不足三位数,赔偿能力也几乎为零。照这样下去,对强某已经年近九十高龄的白发人送黑发人的耄耋父母而言,结果不也相当于撞了白撞吗?

王明勇继而又想,园林设计公司为什么不等法院开庭,就迫不及待地提交肇事司机张某在最近三年没有任何违章记录的相应证据呢?即便单纯是为了避免承担法律责任,也不至于如此着急忙慌吧?俗话说,"解释就是掩饰,掩饰必有故事"。园林设计公司如此急于主动解释,是否意味着这种积极主动的背后,刻意隐藏有一段不可告人的秘密呢?

怀疑是要讲证据的,跟胡适先生做学问一样,在法律执业过程中,无论过去做主诉检察官还是现在当执业律师,"怀疑精神"都是王明勇攻坚克难并屡建奇功的一大法宝,而且总是遵循"大胆的假设,小心的求证"这个基本原则。具体到本案,王明勇针对园林设计公司过于积极主动的无责辩解,不免大胆提出假设:既然园林设计公司主动提交肇事司机最近三年没有违章的相应证据,是否意味着在五年或者更长的时间段内，张某曾经有过重大违章呢？如果这一假设成立，那么园林设计公司主动提交的这份证据，不是"此地无银三百两"就是"隔壁张三未曾偷"。

　　果不其然，查询的肇事司机张某的违章记录显示，在本次交通肇事之前的第四年，张某竟然有过一次醉酒驾驶，而此次违章事件发生时，张某就是园林设计公司的设计员兼司机。由此看来，园林设计公司之所以主动提交张某三年之内没有违章驾驶的相应证据，根本目的就是想以此掩饰张某曾醉酒驾驶的污点。在法庭审理的过程中，在这铁的证据面前，园林设计公司再也不敢信誓旦旦地辩称自己对张某的选任不存在任何过错了。不言而喻，既然对司机的选任存在过错，就应该依法对张某交通肇事所产生的赔付义务承担连带责任。

　　至于园林设计公司辩称的"事发时间为法定节假日的春节放假期间，司机驾车是为了办私事，与履行公司职务无关"，王明勇一针见血地指出："从贵公司所述事发经过，尤其是从贵公司所述由于工作性质的原因，肇事车辆平时即由肇事司机张某实际控制等事实来看，贵公司起码是对肇事车辆的管理未尽法定职责。更为重要的是，既然肇事车辆平时即由张某实际控制,那就不存在法定节假日对本案赔偿责任的影响限制问题。因此,在贵公司疏于管理,导致公车、私车性质难辨的情况下,只要贵公司车辆交通肇事,贵司即应依法承担相应赔偿责任。本案中,被告人张某作为贵公司员工因违章驾驶存在重大过错,依法应由贵公司承担连带赔偿责任。"

既然已经解决肇事司机张某所属的园林设计公司是否承担连带责任问题,即园林设计公司责任有无的问题,那么接下来就该考虑赔偿款应该从何而来的问题了。如前所述,肇事司机张某没有任何赔偿能力,所以他连寻求调解以便受害人家属能够为其出具刑事谅解书的努力都不去做,基本就是一副"要钱没有,要命有一条"的态度。张某所属园林设计公司的账户余额虽然不完全是零,但也跟零相差不多。因此,在园林设计公司责任有无的问题解决之后,赔偿款从何而来的问题,就自然而然地成为摆在王明勇律师面前的头等重要问题。

在进一步研究案卷材料与证据的基础上,王明勇在不经意间突然把目光盯在了与该园林设计公司注册登记地址相同的另外一家公司身上。在进一步查询工商注册登记资料,并

"水兵律师"王明勇

利用下班时间到现场实地查看之后，王明勇发现该公司虽然是单独注册成立的有限责任公司，依法享有公司法规定的独立的法人人格与权利义务，但却存在诸多可疑之处。

第一，该公司的经营范围虽然是园林施工，与肇事司机张某所属公司的园林设计性质存在很大不同，但二者之间存在业务关联，不排除既设计又施工，肥水不流外人田的可能。

第二，该园林施工公司与肇事司机张某所属的园林设计公司，注册登记在同一栋建筑物内，且该建筑物系独门独户，不存在可以分割成两个独立办公区的可能。

第三，两个公司的法定代表人竟然是同一个人。

第四，两个公司的传真电话相同。

据此，王明勇断定该两公司存在财产与债务混同情况。

得出上述分析结论之后，王明勇赶在第一时间代理受害人家属向受诉法院提出申请，要求将该园林施工公司追加为本案第三人，并请求法院对其账户中的相应存款采取查封、冻结等诉讼保全措施。由于动作迅速，无论申请追加第三人，还是申请采取查封、扣押等诉讼保全措施，都非常顺利，致使该园林施工公司账户中的存款尚未来得及转移即被法院依法冻结。或者说，该园林设计与施工公司根本就没想到王明勇会打财产与债务混同这张牌，因为即便是现在，实践中的财产与债务混同案例都不是很常见。

案件结束之后，在对其进行反思的过程中，王明勇想，该园林施工公司账户中的存款未能转移的另外一个非常重要的原因，很可能就是他们过分依赖公司的独立法人人格。他们恐怕连做梦都不会想到王明勇竟然会以财产与债务存在混同为由，将其追加为能够独立承担责任的第三人，并申请查封、冻结其账户存款。事实上，别说早在六年之前，就是现在，以财产与债务存在混同为由，要求法院实际执行另外一个有限责任公司财产的情况也并非司空见惯。王明勇律师执业的与时俱进和办案思路的不拘一格，由此可见一斑。

经依法审理，青岛市南法院判处肇事司机张某有期徒刑两年，同时刑事附带民事判决张某及其所属的园林设计公司连带赔偿受害人强某家属综合损失62.5万元；此外，基于该园林施工公司与园林设计公司之间的财产与债务存在混同情况，判决该款从查封的园林施工公司账户存款中实际扣划。

"水兵律师"王明勇

据业内人士讲,对于本案这种普通交通肇事犯罪案件,在足额"扣票子"的前提下,又实际"打板子"(判处司机两年实刑)的情况在近年来的司法实践中确实比较少见。

值得一提的是,一审宣判后,肇事司机张某认为量刑过重,遂在法定10日上诉期限内向青岛中院提出上诉。然而,上诉之后不久,张某竟又审时度势地主动申请撤诉。至于张某主动撤诉的原因,据说是他在上诉之后找专业人士了解发现,像他这种两年实刑判决,业界有个非常形象的称呼,叫"贴着头皮判决"。具体而言,它的意思就是"说重吧,确实很重,但是要想改判的话,也的确不是一般的艰难"。至此,对受害人强某的家人和王明勇律师而言,本案圆满而成功地结束了。

军地房地产类

1. 仅以区区150万元的超级低价就与对方握手言和的1.6亿元天价索赔纠纷案

2008年,山东某房地产开发集团公司通过竞标程序,成为海军某博物馆部分军用土地使用权出让项目的预竞得人。合同签订后,房地产集团公司按照约定向部队缴纳定金5000万元,部队随之为其出具了5000万元的"定金"发票。没想到合同签订仅仅一年之后,部队即以上级不批准该土地出让项目为由,通知房地产集团公司立即解除合同,要求其马上派人前来商谈合同解除善后事宜,并办理5000万元"定金"的退还手续。接此通知后,房地产集团公司立即派人向部队专程送达了一封长达6页A4纸的律师函,除详细论证《博物馆部分军用土地使用权出让合同》的有效性外,还旁征博引了该5000万元须按"定金罚则"双倍返还主张的成立,并提出总额高达人民币1.6亿元的综合损失天价索赔请求。

部队首长机关接此天价索赔请求律师函后,由于对相关法规政策缺乏了解,对案件事实与证据把握不到位,又缺少基本的涉法维权技巧和磋商谈判的思路策略,甚至尚未对案件予以准确定性,就贸然回函承诺:"可按融资成本10.57%标准,为贵司该5000万元计息"。照此标准计算,部队每日仅仅需要支付的利息就有1.5万余元之多,每年高达528.5万元。然而,房地产集团公司对此答复并不满意,除了要求继

"水兵律师"王明勇

续履行合同交付土地外,还要求赔偿综合损失1.6亿元。其中,有1亿元是按照定金罚则要求双倍返还定金5000万元。

王明勇律师接受委托时,该5000万元定金打入部队账户的时间已经超过两年。如果按照部队回函承诺的"按融资成本10.57%标准计息",部队仅需支付的利息损失就已经超过1100万元。事实上,房地产集团公司不仅对该利息标准不满意,而且连本金5000万元都拒绝收回。尽管部队已经想方设法让房地产公司尽快取走这5000万元,但房地产公司就是"任凭风浪起,稳坐钓鱼船"。此时此刻,如何让房地产公司尽快取走本金5000万元,竟然成了部队最头疼的一件事,因为他们好话说尽,办法用完,可房地产公司就是不松口收回5000万元定金。

不难看出,王明勇接手案件时不但开局不利,而且部队"按融资成本10.57%标准计息"的回函已经授人以把柄。通过认真研读案卷材料,仔细调查核实情况,进一步研究法规政策,并反复思考论证预案措施,王明勇认为本案急需解决的焦点性问题主要是以下三个。

第一,如何尽快让房地产集团公司取走定金5000万元?在一般情况下,根本不算问题的问题,在本案中却成了必须尽快解决的棘手问题。因为该款一日不取走,部队每天的利息损失就将高达1.5万元。对部队而言,其经费都是一个萝卜一个坑,不能擅自挪作他用。部队支付该利息款将从何而来,面临巨大压力。

第二,如何突破本案看似牢不可破的"定金罚则"?之所以说看似牢不可破,一是因为双方在《博物馆部分军用土地使用权出让合同》中明确约定:房地产公司同意部队要求,自本合同签订之日起,将保证金5000万元改为定金。二是部队收到房地产公司汇款5000万元后,在为其开具的发票上明确注明为"定金"。按照法律规定,定金合同是实践性合同,部队收款之日即为定金合同有效成立之时。至此,涉案5000万元的定金性质已经无懈可击。单从法律关系上讲,房地产公司按照定金罚则向部队主张双倍返还并无不当。

第三,部队"按融资成本10.57%标准计息"的回函承诺是否有效?如果该承诺有效,即便王明勇能够帮助部队突破定金罚则,免受5000万元双倍返还的违约处罚,部队需要

"水兵律师"王明勇

支付的赔补偿款也不可能少于1100万元。不难看出，该问题一经提出，即意味着部队很可能连自己此前的书面承诺都不认账。当然，该问题此时还只是王明勇的一个大胆假设而已，要想具体实现谈何容易？毕竟，这是部队白纸黑字的正式回函啊。

针对以上极端不利情况和前述几乎无法逾越的法律障碍，王明勇律师凭借自己的扎实理论功底、娴熟的律师业务技能技巧、灵活机动的战略战术和对法规政策的精确解读，依靠自己对案卷材料与证据的烂熟于胸和对案件性质的精准把握，并通过对证据规则的灵活运用，终于在经过一年多时间同房地产公司一方的斗智斗勇和据理力争之后，首先让房地产集团公司主动取回定金5000万元，继而主动作出颠覆性的巨大让步，比如在给部队的第二封律师函中，房地产公司就将索赔总额从1.6亿元，主动降为"要求你部按照定金罚则双倍返还5000万即人民币1亿元"。该降幅之大不免让人瞠目结舌：降幅高达6000多万元！

在之后的磋商谈判中，王明勇凭借娴熟自如的法律斗争技能技巧，代理部队一方稳扎稳打逐步推进，迫使房地产公司不得不一次又一次地大幅度主动降价：从按照定金罚则双倍返还5000万元，主动降幅到要求支付赔偿款4336万元，战略相持一个月又进一步降低到要求赔偿2600多万元，之后再到要求部队依照"按融资成本10.57%标准计息"赔偿损失1100多万元，直到最终以部队补偿150万元而化干戈为玉帛圆满结案，可谓在兵不血刃中完胜对手。

值得一提的是，该150万元补偿结果，不仅意味着房地产公司主动突破了此前看似牢不可破的"定金罚则"，而且在事实上否认了部队"按10.57%融资成本标准计息"回函承诺的法律效力。不难看出，该150万元补偿结果，相对于房地产集团公司1.6亿元综合损失天价索赔请求而言，为部队减少可能损失超过1.5亿元；相对于法院一般情况都会判决支持的一倍罚金5000万元而言，为部队减少可能损失超过4850万元。即便仅仅相对于部队回函承诺的"按融资成本10.57%标准计息"数额，为部队减少的可能损失也已经超过900万元！

同样值得一提的是，看过这个案件的相关材料后，就连不少资深法官都纷纷表示：办案思路之创新，维权效果之明显，

"水兵律师"王明勇

为类似案件之历史所罕见。

2. 舰队司令员在结案报告上亲笔批示"王明勇同志功不可没"的某部二区礼堂联建合同纠纷案

1999年3月,某房地产开发公司在与部队签订《联建合同》之后不久,即向社会公开叫卖"楼花"①。由于涉案土地位于某沿海发达城市的黄金地段,不仅风景优美而且毗邻某副大区级部队机关驻地,可谓寸土寸金,因而买"楼花"者非富即贵,其中还不乏海外华侨。

然而,联建合同签订仅仅一年之后,部队却根据上级指示精神通知房地产公司要求终止合作项目,并于随后不久采取了相应的强制停工措施。房地产公司眼见继续履行合同已无任何可能,就组织公司员工打着横幅聚集部队门口,以"封门堵路"的方式讨要说法,上访人数最多的时候竟有二百人之多。

后来,房地产公司又在"楼花"购买者和部分媒体记者的参与下频繁进京上访,甚至曾经一次性发动六十多名省政

---

① 仅有规划设计,即开始预售商品房,现行法规政策已不允许。

协委员和省人大代表联名致函司法部门，要求督办此案件。该案纠纷影响之大，房地产公司关系之广，由此可见一斑。

由于部队首长机关对合同条款理解不深，对法规政策把握不准，加之法律知识、维权意识和谈判技巧等都相对欠缺，致使其在前期的纠纷处置过程中不仅不敢理直气壮地据理力争，反而时常以心虚理亏的姿态回避矛盾，这就导致部队不仅未能妥善化解矛盾恰当处置纠纷，反而屡屡授人以柄，致使房地产公司误以为"确凿无疑的就是部队违约"，要求部队"给个说法并进行赔偿"是理所应当的。

如此上访、缠访甚至是闹访六年之后，房地产公司发现虽然也算折腾得部队机关筋疲力尽，但是维权效果并不明显，于是就将本案纠纷提交法院，向某市中级人民法院提起诉讼，要求赔偿综合损失328万余元。

接到开庭传票后，部队首长非常重视，鉴于本案来龙去脉错综复杂，以及案中有案的扑朔迷离（其间，居然还夹杂一个土地使用权跨省置换纠纷和一个按部队指示向某案外公司支付80万元汇款的损失承担纠纷），为维护部队形象，妥

"水兵律师"王明勇

善化解历史遗留矛盾,尽最大限度地依法维护部队利益,就破天荒地组织了一个由一名现役少将担任组长的应诉小组。据说,在王明勇的军队律师职业生涯中,这种情况还是第一次遇到,因为不到万不得已,部队不会组织如此高级别的专项工作组。本案纠纷的敏感复杂程度与影响之深,可见一斑。

耐人寻味的是,尽管首长如此重视,但是机关业务部门的反应却相对比较漠然,即便联建项目的某些直接参与者,甚至包括曾经亲自去办理《联建合同》公证手续者,都不愿意正面回答应诉小组的问题。他们不是刻意回避,就是一问三不知。在为做好应诉准备工作召开的首长机关"诸葛亮会"上,当应诉小组的少将组长就案件事实与思路对策广泛征求意见时,作为法律专家参加"诸葛亮会"的某领导给出的建议,竟然简单明了到只有一句话:"根据法律规定,可以委托1~2名诉讼代理人"。回答之妙,避实就虚的太极功夫之高,以及这句话所反映出来的案件之敏感复杂,让人瞠目结舌!

在某市中级人民法院组织庭前证据交换那天,也让王明勇律师大开眼界,他看到了通常只有在国外大片中才能看到的惊人一幕:房地产公司竟然一行五人同时亮相法庭,其中,

四、经典案例

两名专业代理律师傲然走在前面,三名律师助理各拖一个大号旅行箱紧随其后,此情此景蔚为壮观,也让初出茅庐的王明勇感到了震撼。房地产公司代理律师甚至不无揶揄地说:"这三个大皮箱里装的全是涉案证据。而且,其中的每一份证据上都加盖着你们部队的确认公章,我倒要看看你们凭什么不认这个账?"

在案件由市中级人民法院一审打到省高级法院二审过程中,房地产公司曾经先后更换青岛、连云港和济南等地的房地产专业代理律师五名,可见其求胜之切、决心之大、关系之广。

关于这个案子的敏感性和复杂性,从王明勇接受委托代理案件的过程也可略见一斑。案件胜诉之后,应诉工作小组的马副组长自感对代理律师举贤荐能有功,既兴奋又激动地对少将组长汇报说:"首长您很可能不知道我们当初为了协调让王明勇代理这个案件会有多么艰难吧?我们处长曾经前前后后找王明勇所在单位的领导协调了五次,可他们就是不答应让王明勇代理案件。当时,我们处长说,实在不行就按照副司令员的指示,花50万元请地方律师代理吧!"

后来，马副组长他们见实在协调不成，就果断转变工作思路改为"曲线救国"：在就案件来龙去脉等相关情况上报给部队主要首长的呈批件中，专章列明如下一段："经考察，在驻地部队律师之中，王明勇同志比较合适。该同志在地方乃至在全国都曾代理过一些具有一定知名度和良好社会影响的案件。建议由其担任本案的全权代理律师"。这样一来，只要部队首长在圈阅呈批件时不提反对意见，由王明勇代理本案就有了可以"挟天子以令诸侯"的红头文件。

接受委托后，在首长机关的绝对信任和大力支持下，王明勇不畏艰难险阻，和带兵打仗一样，全力以赴地想方设法应对这个案件，既抱定"敢打必胜"的信念，又身体力行"保密第一"的工作理念，既敢于在法庭上与对方针锋相对斗智斗勇，又能够在征得少将组长同意之后泰然自若地赴原告高管的喝咖啡之约。对此，王明勇向首长解释说，在相对轻松的环境氛围中，他就能以平等交流的姿态，耐心细致地向对方宣讲法规政策，实事求是地就案件事实与所应适用的法律与其交流探讨，既打法律仗，又打心理仗。功夫不负有心人，经过一年半时间的积极努力，案件结果让人大跌眼镜，忍俊不禁。

四、经典案例

某市中级人民法院经过审理，依法判决部队补偿房地产公司人民币7.05万元。该数额，竟然不如房地产公司328万余元诉讼请求总额中那个8万元的零头儿多！

房地产公司不服该7.05万元补偿的一审判决，向某省高级法院提出上诉。某省高级法院经过多次开庭审理之后，在查清案件事实和充分释明法规政策的基础上，促使双方自愿达成调解协议，以部队补偿房地产公司15万元的结果让双方化干戈为玉帛，从而将这场旷日持久的马拉松式的历史遗留旧案彻底终结。不难看出，该区区15万元最终补偿结果，仅相当于房地产公司328万余元诉讼请求总额中的那个大零头儿28万元的一半。

值得一提的是，能够以调解的方式结案，即意味着双方自愿彻底终结本案纠纷，可以一劳永逸地永绝后患，部队首长机关再也不必担心该房地产公司随后再有什么举动。

尤其值得一提的是，这个案子的成功办理，在让部队首长机关法律意识大为增强的同时，也让首长机关看到了依法决策与依法用权的重要性。目睹如此辉煌的战果，时任舰队司令员苏士亮将军在结案报告上欣然批示："胜诉不易,教训深刻,王明勇同志功不可没!"

3.因在闹市安然看书而被"送货上门"的,发生于五十多年前的老典当纠纷案

该案中房屋的典当行为发生于1951年6月25日,出典人名叫"李祺芮",字"祥甫",承典人是杜女士之父杜先生。之所以将其称为"老典当",是因为当时的法规政策并未规定"流押禁止",允许当事人约定"到期不赎视为绝卖"。这和现在几乎满大街都是的典当自然不可相提并论。对于老典当,最高人民法院1984年颁布施行的《关于处理民事政策法律若干问题的规定》明确指出:出典人与承典人约定回赎期限的,约定期限届满后经过十年;未约定回赎期限的,自出典之日起超过三十年不予回赎的,典物归承典人所有。

由于本案典当并未约定回赎期限,按照最高院《关于处理民事政策法律若干问题的规定》,涉案房屋出典超过三十年后,也就是自1981年6月26日起,承典人杜先生即有权要求有关部门将承典房屋确权给他。照理说,既然最高院对老

典当行为有如此具体明确的规定，那么杜先生的确权行为就不应该再遇到什么太大障碍。然而，当杜先生及其女儿杜女士一把辛酸一把眼泪地从1991年开始要求确权，上上下下、来来回回奔走呼号14年之后，才发现自己不得不从终点回到起点。其间，杜先生在万般无奈之中含恨辞世。每当想起这些过往的辛酸和无奈，杜女士都会郁闷气愤到无语凝噎。

对王明勇律师而言，取得这个案子的委托代理权，竟也恰如本案纠纷一波三折的解决过程一样，充满了戏剧性。具体而言，为了远赴江苏南通办理一个以"光绪三十二年分家书"为确权依据的老房屋拆迁补偿纠纷案子，王明勇在2005年年底的一个寒冷的冬日上午，一大早就来到青岛市国有土地与房屋资源管理局，请朋友帮忙查找20世纪50年代初社会主义改造运动中有关"私房改造"的相关法规和政策。当时的业务大厅里，已经熙熙攘攘地挤满了前来办事的人。见朋友尚未上班，王明勇就和往常一样，拿出随身携带的专业书，在不绝于耳的喧嚣吵闹之声中，津津有味、旁若无人地看了起来。

大约半个小时之后，素昧平生的杜女士过来搭讪，除了

"水兵律师"王明勇

诉说她家承典房屋的悠久历史,抱怨为承典房屋确权而奔走呼号的曲折艰难外,就是感叹现如今能够对老典当问题如数家珍的律师简直凤毛麟角,并说她已聘请相对比较专业的房地产专业代理律师刘某某。尽管如此,杜女士临走时还是主动索要了王明勇的联系方式。没想到半年过后,仅有一面之缘的杜女士竟突然登门拜访,并在简单咨询几个问题之后便开门见山地说:"虽然知道你对老典当问题也是一知半解,在某种程度上甚至还不如我所聘请的刘律师,但我们还是决定改聘你为代理律师,帮我们尽快解决这个发生在五十多年前的老房屋典当问题"。

此时,王明勇刚刚律师执业没多久,虽然也曾办理过几个在青岛乃至在全国都有一定知名度的可圈可点的疑难复杂案件,但自认为和经验丰富、见多识广的大律师相比还相去甚远,尤其是欠缺办理杜家这样案例的经验。一般而言,办理像杜家这种情况的案件,必然涉及20世纪50年代社会主义私房改造的历史知识与法规政策。因此,王明勇推辞再三:"您敢于把如此重任委托给我,在让我受宠若惊的同时也让我诚惶诚恐。但是从有利于办案的角度考虑,我还是建议您另请高明,一是因为我对有关老典当的法规政策知之不多;二是您已委托相对经验更丰富的刘律师,而且他已熟悉您这案子,所以还是用人不疑坚持到底比较好。实在不行,您就同时委托我们两人,让我配合刘律师共同办理这个案件效果也会比较好。"

没想到杜女士的态度竟然十分坚决:"你不用配合刘律师。如果你的时间允许,就请接受我们的全权委托,由你独自代理这个案件。我知道有可能你对老典当问题不是特别了解,但是我更知道'不怕不会,就怕不学'这个道理。在那么喧闹的环境里,你都能安心看书,这就足以说明你的心性之沉稳、学习之勤奋、进取心之强烈。仅凭这一点,我们就可以一百个放心地把案子交给你!"

王明勇在接案后,通过进一步研究发现,杜家之所以会在历经 14 年的艰难曲折之后又从终点回到了起点,并非完全是因为政府部门人浮于事或者办案人员故意刁难,而是因为随着法治的进步和人们法律意识的提高,青岛市房地产管理部门的证据意识和依法办事的能力水平也在不断提高,并且对证据材料的把关越来越严。事实上,以下问题中的任何一个，都足以将这个看似不存在什么法律障碍的案子彻底打回冷宫。

第一，对本案而言，出典人下落不明的时间已经长达五十多年，并且不能确定出典人在此期间是否曾经要求回赎。尽管杜家一再声称李祺芮出典房屋后，即与其再无往来，而且早已超过可以为承典人确权的法定三十年最长回赎期限，但却不能提供能够证明出典人李祺芮及其继承人从未要求过回赎的相应证据，甚至连李祺芮及其继承人的家庭住址、年龄和职业等基本信息都不能提供。找不到出典人及其继承人，就无法核实承典人杜家的确权主张是否属实，也就不可能把原本登记在出典人李祺芮名下的房屋，没有事实根据地凭空登记在承典人杜先生或其继承人的名下；否则，就会涉嫌违法。

按照法律规定，寻找出典人李祺芮及其继承人的举证责任，理所当然地就要落在要求为其承典房屋确权的杜家身上。然而，经过"四清运动""文化大革命"等一系列足以让人从灵魂到肉体都能脱胎换骨的"社会主义改造运动"之后，出典人即便有能力回赎，但在"狠批私字一闪念"的时代大背景下，夹紧尾巴做人尚且唯恐不及，谁还敢说自己曾经有房子出租或者典当呢？尤其是随着城市化进程的不断加快，涉案房屋所在的台西区，乃至后来将其纳入自己行政区划的台东区，在王明勇律师接手案件时，均已从青岛的行政区划上消失多年；加之过去的户籍资料并未实现网络化管理，因此对杜家而言，在这种情况下，查找出典人及其继承人的下落无异于大海捞针。

第二，出典人及其继承人的主体身份难以确定。1951年6月25日，杜先生承典房屋时，出典人在《典契》上签的却是"李祺芮"这个名，而在为杜先生出具的《典价收条》上落款的却是"李祥甫"这个字。历史上的有头有脸的人物，往往既有一个"名"，同时也有一个"字"，而且无论叫"名"还是称"字"，应答者往往都是同一个人，但是现如今不同了。具体到本案，杜家必须证明"李祺芮"和"李祥甫"是同一个人才行。

有人或许会说，既然政府部门不给确权，那就去法院打官司。事实上，即便官司打到法院，杜家也要首先证明"李祥甫"即"李祺芮"才行，否则就要承担举证不能的败诉后果。据了解，从1991年开始要求确权，到2006年委托王明勇律师代理本案，在过去的15年时间里，杜家曾经先后更换过好几任代理律师，但是非常遗憾的是，他们都未能帮助杜家查找到"李祥甫"即"李祺芮"的有效证据。另外，找不到出典人李祺芮，就不可能找到他的继承人，也就不可能确定出典人及其继承人的主体身份。由此不难看出，处理历史遗留旧案必定相当艰难和复杂！

第三，在杜家要求确权的涉案房屋之中，竟然有两间已在社会主义私房改造中被错误地当作"经管房"分配给案外人居住，而且实际居住人已为自己办理了相应房产证，这就导致涉案房屋的所有权不再完整和清洁。

俗话说："屋漏偏逢连夜雨，船迟又遇顶头风。"具体到本案，就在王明勇律师接手案件之后不久，涉案房屋所在地段就已开始实施拆迁改造，有关部门在进行房地产权利登记时，发现杜家所要求确权的承典房屋之中的两大间，已在社会主义私房改造运动中被错误地当作"经管房"分配给案外人丁、曾两家，而且丁、曾两家已经分别办理了自己的房产证，致使出典房屋的所有权出现了权利重叠现象，所有权不再完整和清洁。一般而言，出现这种情况后，非经法定程序撤销丁、曾两家的房产证,就不能贸然根据《典契》为承典人确权。因此,在发现这种"权利不清洁"情况后,房地产管理部门只能让杜家的确权请求从终点回到起点。

事实上,随着案件办理的逐步深入,王明勇越来越清楚地认识到本案的办理困难远远不止以上三点,杜家确权之路上的绊脚石,就如同一只只隐没于丛林深处,随时准备出击的拦路猛虎。

好在功夫不负有心人,在"敢打必胜"信念的支撑下,以及初生牛犊不怕虎的精神激励下,王明勇依靠勤学善思、积极进取和灵活机动的战略战术,帮助杜家克服了一个又一个意想不到的困难,不仅大海捞针一般查找到了出典人李祺芮于20世纪50年代在台西区的户籍登记信息,拿到了"李祺芮"即"李祥甫"确切证据,并且顺藤摸瓜找到了李祺芮分布在全国各地的八个子女的相关信息。

由于出典人李祺芮早已去世多年,他的这些子女或去世子女的继承人,就成了本案所必须查找到准确信息的法定继承人。然而,由于这八个子女分布在全国各地,而且只是从

"水兵律师"王明勇

登记于 20 世纪 50 年代初的李祺芮户籍资料中,才得知他们的大概信息,此后是否有过变化,甚至其中是否有人过世都不得而知,所以要找到他们的准确信息还是一个字——难,而且是难上加难!

经综合权衡利弊得失,尤其是经过认真核算时间成本之后,王明勇经请示杜女士同意,果断决定打破行规上门走访李先生。李先生是当时所能查到的李祺芮所有八个子女中唯一一个将户籍登记在青岛市区的人(退休后返聘在外地工作),主动登门拜访的目的,除了向其说明把他们告上法庭的迫不得已外,还要说服他动员其他继承人分别出具经过公证的放弃继承声明书,从而将可能的至少八名被告简化为李先生这唯一的一人。这样做不仅可以大大降低在全国范围内查找其他继承人的难度,而且能够大大缩短起诉的准备时间。如愿以偿地达到拜访目的之后,王明勇终于帮助杜女士一家赶在涉案房屋拆迁之前拿到了法院的一审胜诉判决,让杜家初步尝到了盼望已久的阶段性胜利的滋味。

相对于前述疑难复杂的程序性问题而言,本案的实体性问题似乎相对简单一些。法律规定也很明确,甚至可以说,只要能够找到出典人及其继承人，而他们又不能证明曾在法定三十年最长期限内提出过回赎要求，就应该按照最高院《关于处理民事政策法律若干问题的规定》，判决涉案房屋归承典人所有。然而，在巨大的拆迁利益的诱惑面前，出典人李祺芮之子李先生经不住代理律师的调词架讼，居然置一审法院早已释明清楚的案件事实和适用法律于不顾，抱着"有枣无枣打一杆再说"的心态，向青岛中院提起上诉。

不仅如此，李先生的代理律师还挑唆已对典当房屋中的两间办理过房产证的丁、曾两家，怂恿他们到一起青岛中院上访施压，甚至煽动涉案房屋所在地与本案没有半点关系的周围邻居也到法院起哄，致使一审判决因为涉案房屋的"权利不清洁"而被青岛中院裁定发回重审。这让杜女士一家彻底体验到了"辛辛苦苦十六年，一夜回到解放前"的刻骨铭心之痛。

值得庆幸的是，在王明勇律师竭尽全力地协调和杜女士长达十七年奔走呼号的精神感召之下，尤其是在青岛市人民政府的人性关怀之下，涉案房屋虽然未经法院终审判归杜家，但是有关部门却本着"尊重历史、对照现实、实事求是地解决问题"的原则,对杜家、丁家和曾家采取别出心裁的"双踩脚儿"拆迁安置补偿政策,让已经办理房产证的丁、曾两家和正在为确权事宜竭尽全力的杜家都实际享受拆迁利益,既尊重了历史,也照顾了现实,更体现了法治的人文关怀;既妥善化解了尖锐对立的矛盾,又体现了原则性与灵活性的高度统一,结局可谓皆大欢喜。

刑事辩护类

1. 依法迫使检察机关以"证据出现变化为由",主动撤回刑事犯罪指控的某军嫂涉嫌故意伤害犯罪案

2009年11月22日晚上18点40分左右,某军嫂在青岛某加油站为自己汽车加油的过程中,紧随其后等候加油的上海某演艺公司演员尚某嫌其动作缓慢,就对其肆意侮辱谩骂。在该军嫂与尚某理论的过程中,二人由的口角之争升级为相互厮打。坐在尚某车里的尚某某见其姐姐与人打架,就赶紧下车助战。当她们被加油站工作人员拉开后,尚某弯腰捡起掉在地上的眼镜,没想到她刚刚戴上不久,竟突然大声喊叫起来:"我的脸被划破了!""我刚做过开眼睑手术,这下毁

容破相了,我让你吃不了兜着走!"

事情发生后,先于警察得到信息而赶到现场的尚某之叔,不问青红皂白就把该军嫂没头没脸地暴打了一顿。冲突各方被带至派出所后,在警察对军嫂进行询问期间,尚某在家人的陪同下前往医院就诊,当日彼此之间再无接触联系。然而一周之后,警察传唤军嫂,告知其尚某的法医鉴定结论(2012年新修订的《中华人民共和国刑事诉讼法》将证据种类中的鉴定结论修改成了"鉴定意见",虽然只是一词之差,但这一改动却标志其在证据体系中的地位被弱化了,由此前的权威性结论改为可以质证的证据,在一定程度上体现了法治的进步):左部眼睑损伤构成轻微伤,三个月后复检。

一般而言,演员尤其是年轻女演员,往往比一般人更加看重自己的容貌。像尚某这样的年轻女演员,没事的时候,还会隔三岔五地去做个"开眼睑手术"之类的医学美容,而一旦发生面部损伤,她们的第一反应,往往就是在第一时间赶往最好的医院就诊治疗。因此,面部损伤本应越治越好的尚某,竟然在三个月后复检时"右部眼睑损伤,构成轻伤"。换句话说,经过三个月时间的精心治疗,本应越治越好的尚某,

"水兵律师"王明勇

竟然由此前的轻微伤而一下子变成了轻伤!

由于轻伤是罪与非罪的分水岭,既然尚某的复检结论是轻伤,这就意味着该军嫂已经涉嫌故意伤害犯罪。于是,公安机关在对该军嫂刑事立案侦查的同时,积极展开了调解工作。然而,由于尚某不愿善罢甘休,加之艺人尚某要求甚高,致使调解无法继续,以至于即便案发当地的区委政法委书记亲自出面协调都无法帮她们化干戈为玉帛。尚某无视政法委书记开出的最低条件,如狮子大张口一般漫天要价:"不包括下一步到韩国整容所需全部费用,赔偿少于15万元免谈!"

对军嫂而言,这个索赔条件无论如何都不能接受,而且根本无法接受。军嫂说:"她尚某受的是明伤,而我受的是暗伤,人高马大的尚某叔叔不问青红皂白地把我暴打一顿,头皮瘀血红肿,其他部位多处软组织损伤,这种伤害岂能视而不见?再说,她那眼睑损伤还不一定就是我给造成的呢。退一步讲,该伤即便真是我所造成,那么按照人体面部损伤标准和眼睑损伤标准进行检验,结论大不相同。而尚某的损伤部位恰恰就在该模棱两可之间。我已咨询过不少专家,他们都认为该轻伤鉴定结论存有疑问。因此,即便甘愿赔偿,我也只能承担合情合理的那一部分，不可能她要多少我就赔偿多少！"

事实上，正因为理念和对案件性质认识的不同，军嫂才决定一而再地更换代理律师。在王明勇之前的那两名"岛城刑辩名律"，基本都持相同观点，即军嫂已经构成故意伤害犯罪，为求得法院的缓刑判决，就必须首先积极赔偿，在求得受害人尚某谅解的基础上，请其出具刑事谅解书之后，法院才有可能对其施以缓刑从轻判决。否则，不可能有更好结果。对此抗辩思路，被告人军嫂虽然无法从法理上予以反驳，但总体感觉其所聘请的律师无法和她进行深入的沟通，认为她所聘请的律师并未从根本上吃透案件，感觉他们不可能帮她代理好这个案件，于是断然决定再次更换辩护律师。

事实证明，演员尚某及其代理律师恰恰抓住了军嫂的这一软肋，不怀好意地漫天要价，并企图"以刑事压民事"逼迫军嫂就范。在经过多方努力仍然调解不成的情况下，公安机关就以涉嫌故意伤害犯罪为由，将案件移送检察机关审查起诉。在案件被公诉至青岛某区人民法院后，尚某提起刑事附带民事赔偿诉讼，要求被告人军嫂赔偿其综合损失51万余元。王明勇恰巧就在此时接受了军嫂委托，开始代理这个犯罪事实与情节看似毫无争议的故意伤害刑事犯罪案件。

中途接受委托后，王明勇并未遵循前任辩护律师的旧有思路，也未受司法机关"本案事实清楚，证据确凿，尚某轻伤结论不容置疑，你们还是劝她自愿认罪并积极赔偿吧，否则连缓刑结果恐怕都难以争取"影响，而是认真研读案卷材料，精读相关法律法规，并多方咨询请教医学与法律专家，在此基础上经过严谨而周密的逻辑推理，认为军嫂先前聘请的辩护律师之所以努力规劝军嫂积极赔偿，要求其竭尽全力求得受害人的谅解，以此争取缓刑判决，根本原因就是他们真如军嫂所言"并未从根本上吃透案件"，而是"仅凭经验"和"人云亦云"就想当然地轻信法医认为构成轻伤的鉴定结论，并由此认定军嫂已经构成刑事犯罪。而这，恰恰就是他们（事实上也是一般律师）很容易犯的刑事辩护错误。

经进一步分析研究，王明勇果断推翻前人对本案的定性意见，认为被告人军嫂"有错无罪"。之后，又在帮助被告人军嫂进一步熟悉案件情况和补充搜集证据的基础上，按照"有证据拿证据，无证据讲逻辑"的全新辩护思路，为被告人军嫂成功进行了无罪辩护。

经过法庭内外的多次激烈交锋与据理力争,在王明勇律师严谨而周密的逻辑推理面前,女演员尚某及其代理律师不得不一而再,再而三地大幅度降低索赔请求,最终仅以补偿区区4.8万元的代价,就帮助被告人军嫂与尚某达成刑事和解协议。尚某收款后,还自愿为军嫂出具刑事谅解书。不难看出,该4.8万元补偿数额还不到尚某刑事附带民事赔偿请求总额51万3千余元的十分之一,也远远不到其在区委政法委书记出面调解时提出的最低条件"不包括到韩国整容全部花费,赔偿少于15万元免谈"主张的三分之一。

妥善而圆满地解决好这个必须在刑事判决之前尽快干净利落地予以解决的民事赔偿纠纷后,王明勇律师又根据"疑罪从无"等刑事诉讼基本原则,按照"有证据拿证据,无证据讲逻辑"的辩护思路,在法庭上跟公诉人斗智斗勇据理力争,并最终迫使检察机关以"证据出现变化"为由,主动撤回其对被告人军嫂的刑事犯罪指控,这就使得因为从事国际贸易工作而需要频繁出国的被告人军嫂,得以继续不受"刑事犯罪案底"的影响限制,继续自由出入有关国家。而事实证明，这个"有证据拿证据，无证据讲逻辑"的辩护思路，不仅堪称行业典范，也是王明勇律师在刑事辩护业务上日臻成熟的标志。

2. "重罪"轻判的某军官被指控涉嫌贪污、受贿犯罪案

2009年6月，王明勇接受被指控涉嫌贪污、受贿犯罪一案中被告人李某家属的委托，担任李某的一审辩护人。据了解，作为自侦案件，检察机关初步认定该案李某的违法犯罪总额高达800余万元。当初，为查办案件需要，将其做成"任谁都将无话可说的铁案"，除报请上级检察机关牵头办案外，承办案件的某军事检察院甚至请出了目前国内唯一的以门牌号码命名的刑警总队——大名鼎鼎的"刑警803"（上海市公安局刑事侦查总队的别称）为其提供技术支持。

然而，经认真研读起诉书等案卷材料，多次会见被告人李某及其亲属，走访与案件有关人员，调查了解装备器材与战勤计划处和财务审计等机关业务部门的相关工作流程，又参加了持续时间长达14个半小时之久的法庭审理之后，王明勇对案件事实与相关证据已经充分了解。在进一步研究斟酌

的基础上,他与同伴刘克阳律师果断决定为被告人提供"虽然违法违纪,但却不构成犯罪,依法不应被追究刑事责任"的无罪辩护意见。

接案之初,不远千里来找王明勇提供法律帮助的,是被告人李某的妻子和姐姐。一见面,她们就直截了当地提出:"听说您业务不错,不仅思路清晰、思维敏捷,而且冷静理性、能言善辩,我们家这个案子已经做了很多工作,就缺一位敢于仗义执言的好律师了。不知您是否愿意接手我们这个案件?"

也许是类似的恭维话听多了,也许是并不以其为然,当王明勇闻听此言时,只是微微一笑,轻轻地说了一声"谢谢",并随之反问一句:"能否告诉我你们都做了哪些工作?"

十多年的潜艇部队指挥军官工作历练,再加上近十年的法律职业工作习惯,早已让王明勇律师养成了"不多是非,保密第一"的工作理念。然而,对于那些当事人"已经做了很多工作"并有可能影响案件办理节奏和抗辩态度的相关情况又不能不问,尤其是在本案这种案情相对重大、案件相对

"水兵律师"王明勇

疑难复杂的情况下,王明勇既要竭尽全力为当事人提供尽可能理想的刑事辩护服务,又要对如何"退赃"等相关问题帮助把关,所以需要综合了解案件全部情况。然而,李某的妻子与姐姐对王明勇这一反问似乎根本没有听见,彼此对视一眼之后,就开始顾左右而言他。见当事人有其难言之隐,王明勇也就不再多问。

接受委托后不久,王明勇就在李某的妻子与姐姐,以及同事陈律师、梁律师等人的陪同下,先后两次前往千里之外的某舰队政治部看守所会见在押的被告人李某。没想到就在第二次会见结束后的返程途中,在李某的姐姐又一次语焉不详地不知给什么人打过一个电话之后,王明勇突然对李某的妻子和姐姐说:"你们找的这个关系,要么是一名舰队副参谋长,要么是一名舰队政治部副主任。虽然是一位现役的在职将军,但是他对本案却没有能力独当一面"。

李某的妻子与姐姐闻言一惊,随之不好意思地对王明勇赫然一笑,既不承认,也不否认。后来,在案件最后准备过程中,时任某舰队副参谋长、被告人李某的亲叔叔竟然登场亮相了。没想到刚一见面未来得及相互寒暄,李将军就有些急不可耐地问王明勇："你凭什么如此肯定我的身份？"

王明勇是典型的山东人脾气，喜欢直来直去，说话快人快语，回答问题单刀直入："如果您的职位再高一些，能够掌控全局并对该案可能走向起到决定性影响，那么您的家人对于本案的反应就不至于如此紧张。相反，如果您的官职再小一些，虽然能够让办案人员心生敬畏，但却不会对案件办理产生实质性影响，那么您的家人就不会这样自信。介于紧张和自信之间，您的身份就已经不辨自明，是一名少将级的现任舰队副参谋长或者现任舰队政治部副主任"。

后来得知，当李将军发现王明勇仅凭被告人家属在两次会见之后分别打的那一个躲躲闪闪的电话，就如此准确无误地判断出他一直隐身幕后的舰队副参谋长身份后，在对王明勇的职业素养和业务能力心服口服的同时，决定放心大胆地把案子相关一切情况全都委托给他去办。因为李将军由衷地相信，一名律师如果既能观察到如此细致入微地不放过任何的蛛丝马迹，又能冷静理性地分析推理到入木三分的境地，若非胸怀全局且能熟知舰队级大机关的业务操作流程，断然不可能有如此深厚的造诣。如果连这样的人都不值得信任，

"水兵律师"王明勇

更信何人？事实证明，王明勇律师也确实没有辜负对方的期待和信任。

据了解，王明勇律师之所以敢于对这样一个初查金额高达800多万元的贪污、受贿"重案"提出无罪辩护意见，并非基于李将军的现职舰队副参谋长身份，或者被告人家属已经对什么人做过什么工作，而是基于其对国家法治巨大进步的内心确信和对案件情况的精准把握。试想，如果真的在乎李将军的现职副参谋长身份地位，该舰队军事检察院就不会查办他亲侄子这个贪污、受贿案件了。反过来讲，如果不是认为犯罪事实确实清楚、证据确实充分，恐怕他们也不敢如此大张旗鼓地在太岁头上动土地查办案件。

然而，尽管检察机关如临大敌高度重视，既请上级检察机关牵头办案以壮声威，又请鼎鼎大名的"刑警803"技术支持力争办成铁案，致使本案看似"铁板一块无懈可击，铁案一个无可争辩"。但是在侦查过程中，由于人治思维的影响和对程序正义的疏忽大意，本案办理得并不十分扎实，不少证据及程序瑕疵显而易见，直接影响对案件事实的依法认定。据此，王明勇认为按照非法证据排除和"疑罪从无"的刑事司法原则，如果通过积极辩护争取让法院不追究李某的刑事责任，恐怕要比对李某实行严刑重罚更加符合法治精神和依法办事的理念。

具体而言，刑事诉讼法第五十三条（原刑诉法第四十六条）明确规定，只有被告人供述，没有其他证据予以佐证的，不能认定被告人有罪和处以刑罚。在本案中，检察机关指控李某涉嫌受贿犯罪就是这种情况，"受贿行为"虽系李某自首，但由于检察机关人手不够，就由检察长决定临时借调非检察官身份人员参与制作讯问笔录和刑事侦查工作。这就涉嫌违反《最高人民检察院关于完善人民检察院侦查工作内部制约机制的若干规定》，以及《中央军委关于军队执行〈中华人民共和国刑事诉讼法〉若干问题的暂行规定》等强制性规定。而按照法律规定，以违法程序取得的证据，必然因为缺乏刑事诉讼证据要求必须具备的"合法性"，而被当做非法证据予以排除。按照"疑罪从无"的刑法原则，没有证据就没有犯罪。

另外，《军事检察机关讯问职务犯罪嫌疑人实行全程同步录音录像的规定》已于 2007 年 8 月 1 日开始施行。按照这个规定，此后军事检察机关在办理职务犯罪案件讯问犯罪嫌疑人时，每次都应当对讯问全过程不间断地同步录音和录像。然而，本案检察机关并未照此规定去做，这就必然导致案件办理程序涉嫌违法。而"程序公正是司法公正的前提"已经众所周知，所以检察机关办案程序上的重大瑕疵也可能导致"疑罪从无"原则对本案判决的依法适用。

事实证明，本案李某之所以能够涉嫌"重罪"而终获"轻判"，恰恰就是因为王明勇准确无误地抓住了检察机关办案过程中的一系列程序性瑕疵或重大过错，并根据"疑罪从无"原则为其依法进行了无罪辩护。当然，本案之所以能够按照既定思路辩护成功，除了国家法治的巨大进步之外，还有就是主审法院和办案检察院法治思维与法治方式的能力水平在本案审判过程中也有了大幅度的提高。

婚姻家庭类

巧用证据规则"见人说人话，见鬼说鬼话"帮助当事人成功摆脱离婚诉讼心结案

恐怕王明勇律师连做梦都不会想到，既文静典雅又不失

闺秀风范的王大哥的亲戚龚韵（化名），竟然在婚礼结束不到半个月的时间就来找他帮忙起诉离婚。在王明勇看来，龚韵不但温柔贤淑，家境殷实，而且父母通情达理，对女婿章鹏（化名）也算关怀备至。而章鹏无论家境，还是工作都要相对寒酸许多，他无论如何都没有理由不和龚韵好好地过日子。

然而，正如列夫·托尔斯泰所说，"幸福的家庭都是相似的，不幸的家庭各有各的不幸"，具体到龚章两家，就是章家在勉强支付购房首付款后再也无力装修婚房。无奈之下，章鹏父母就去找龚韵的爸妈帮忙，并主动提出一旦装修完毕，就将龚韵的名字加到章鹏的房产证上。龚韵妈妈后来说，即便把龚韵的名字加上去，章家也绝对不会吃亏，因为龚家仅是用在章鹏的房屋装修和为其购买家具家电等而支付的费用，就已经远远超过章家所支付的购房首付款，加之后续房贷需要龚韵和章鹏一起偿还，因此细算起来真正赚便宜的恐怕还是章家。没想到房子装修好后，章家却再也不提在房产证上为龚韵加名一事。

婚后小夫妻俩闲聊时，龚韵一旦提及在房产证上加名这件事，立马就会招致章鹏劈头盖脸的侮辱谩骂：一天到晚地就知道惦记我的房子！你家这是找女婿啊，还是为了贪图别人的房子而结婚啊？！闻听此言，龚韵既尴尬无比又羞愧难当。

事实上，即便没有章家的承诺在先，在房产证上为龚韵加名也是龚家付出财力与精力之后应得的回报。现在倒好，本该由章家主动履行君子协定的事情，龚韵只是偶尔一说，就被看作处心积虑惦记别人房产的贼！龚韵的妈妈说，以前只是听说过贼喊捉贼，感到好笑，可真的被自己遇到之后，才知道这种被诬陷为贼的感觉真的让人笑不起来。

然而，与龚韵对章鹏与日俱增的恐惧不安比起来，房产证加名风波简直就是小巫见大巫。原来，婚礼之后没过几天，章鹏就开始隔三岔五的抛下娇妻夜不归宿。更让人不堪忍受的是，龚韵有时半夜醒来会突然发现章鹏正面无表情地站在床前，刚想跟他打声招呼，竟又发现章鹏令人毛骨悚然地森然一笑，然后转身就去隔壁房间独自入睡，吓得龚韵直到天空放亮也再无睡意！

让龚韵意想不到的是，有一次章鹏酒后吐真言，竟然把她彻夜难眠独守空房时给她妈妈打电话的内容，几乎一字不落地复述一遍,这让龚韵胆战心惊:打电话时章鹏明明不在家里啊,他怎么会对我们的通话内容如此清楚呢?难道当时他就如鬼魅附身一般藏在自己旁边?

如此三番五次之后,龚韵感觉家中可能有鬼,就偷偷请来电脑高手帮忙查找原因。没想到这一查不要紧,竟然发现章鹏不知什么时候在家中偷偷安装了七八个针孔摄像头,自己的一言一行和一举一动都被置于严密的监控之下。龚韵说,自此之后,她吓得连衣服都不敢在家里换了。人常说,家是躲避风浪的港湾。但像龚韵这样,如果吓得连衣服都不敢在家里换了,这样的家还能继续待下去吗?

其实,与决定是否离婚相比,更让龚韵一家纠结不清的,是与6万元彩礼休戚相关的诚信问题。龚韵的妈妈曾经不止一次地对王明勇律师说:"接触这么久了,您大概也能看出我们一家到底是些什么人了吧?无论龚韵还是我和她爸爸,我们都不是章鹏所说的那种眼睛里只能看到钱的人。其实,不是我们非要惦记他们的房子,而是章家太缺乏诚信了!他们一家老小说话、办事都不靠谱,经常让人感到不可理喻。既然这婚一定要离,下一步的问题就是怎样才能离得更体面一些,也好让我的宝贝女儿能够多多少少出一口憋屈已久的闷气。"

西汉著名史学家、文学家司马迁在《史记·货殖列传》中说："天下熙熙，皆为利来；天下攘攘，皆为利往。"像龚家这样，即便最终目的并不在钱，但相比为离婚而"打破头"或"抓破脸"而言，能够在女儿离婚时得到适当的金钱补偿，恐怕就是能够"出气"或曰"解气"的一种最好的方式。具体而言，既然不能对章鹏名下的房屋主张所有权，要他返还装修费用和购买家具家电的那些钱款总该理所应当吧？

除此之外，龚韵的妈妈还说："订婚时，章家虽然给过我们6万元彩礼，但考虑到章家的实际困难和风俗习惯，除当场返还了1万元外，其余的都替章家"埋单"了。其中就包括为章鹏父母更换窗帘和简单装修所花费的那2万元。现在的问题是，以我们对章家为人不实诚和做人不厚道的了解，离婚时他们必定提出6万元彩礼返还主张，但却绝对不会承认这6万元其实都已经花在了他们章家身上。由于我们没有这些钱如何开销的相应证据，到时候岂不白白地还要再退给他们6万元？事实上，他们给这6万元也没有证据，而红口白牙地否认客观事实又不是我们龚家的性格。关于这 6 万元如何处理,我们已经茶饭不思、纠结不清长达半个多月时间了。这可真是剪不断、理还乱,别有一番滋味在心头啊!"

王明勇明白,龚韵一家此时所面临的就是一种两难选择,而随着开庭时间的日益临近,他们所经受的道德与法律考量也日渐沉重。毫无疑问,这个权衡与取舍的过程,同时也是心理遭受剧烈煎熬的过程。其实,让龚家如此在乎这 6 万元彩礼应该如何处理的根本原因,是无可逃避的世俗,毕竟人言可畏。试想,刚刚结婚不久即告离婚,又是女方全额退还彩礼,人们会作何感想?一般而言,人们会想,如果不是女方犯了极其严重的错误,为何会全额退还彩礼?从这个角度讲,这 6 万元钱如果保不住,必然意味着自己的脸面也保不住。看到龚韵一家为这 6 万元彩礼钱急得如坐针毡,王明勇心有不忍,于是安慰他们说:"别着急,没有过不去的火焰山!"

毛泽东在《水调歌头·重上井冈山》中说:"世上无难事,只要肯登攀。"面对龚韵一家的如此"离愁"隐忧和百般煎熬,王明勇律师在综合衡量章鹏与龚韵的家庭环境、家庭教

"水兵律师"王明勇

养和个人修为之后,发现本案其实就是一个拷问良心的买卖,并据此果断提出了"见人说人话,见鬼说鬼话"的诉讼策略。具体而言,就是活学活用证据规则。在庭审时,他充分利用龚韵的原告优先举证权,向法庭陈述曾经给过章家1万元现金和曾经为其实际花费5万元的事实,并故意卖一个破绽,说"以上只是客观事实,并无证据"。之所以如此设局,赌的就是章鹏的不诚信。

果不其然,章鹏对于龚韵陈述的该6万元花费事实,竟然当庭矢口否认。看到"见鬼说鬼话"策略如此奏效,龚韵不由自主地趁法官不注意悄悄做一个小小的鬼脸,并对王明勇会心一笑,那意思再清楚明了不过,仿佛在说"既然章家此时不仁,那就别怪我在他们不能举证曾经给过我彩礼时的不义!"

王明勇律师常说,如同传说中的超级剑客,随便折根树枝,就能舞出剑的神韵,发挥剑的威力,法律法规其实也是这样,只要学得扎实,运用得灵活,做到手眼一心,即便有时候缺乏实体性的证据,但是也能把证据规则的程序性权利运用得恰到好处,在诉讼过程中也会出奇制胜。

当然，这个案例也告诉我们：规则是死的，但人是活的。只要肯动脑筋，就没有过不去的火焰山！

再审改判类

通过再审程序依法撤销省高院八年前作出的生效判决案

2007年4月上旬的一天，中午饭后不久，一位白发苍苍的老大妈在其侄子的搀扶下，来到王明勇律师的办公室。没想到刚一进门，她就扑通一声跪倒在地，悲戚无助地对王明勇说："求您无论如何也要帮忙救救我们这个家！"

见此情景，王明勇忙不迭地搀扶起老人家后，经询问得知，她竟是舰队军事法院正团职退休干部孙某某之妻李某，这次是专程为了儿子孙某的劳动争议申诉案件而来跪求王明勇帮忙。由于此前一直是其丈夫孙某某和王明勇联系，所以她的突然到访竟让王明勇顿感莫名惊诧。进一步了解得知，孙某某竟然已在一周之前含恨辞世。此前为了帮儿子孙某讨个说法，孙某某已经连续奔波上访、申诉长达七年之久！

事实上，无论何时何地，给人下跪在北方传统文化中都

"水兵律师"王明勇

是一种至高无上的礼仪。不是无比的崇敬或者不到万不得已，人们一般不会给人下跪。不言而喻，白发苍苍的李某这突然的一跪，在让王明勇深感责任重大的同时，也让其感觉无所适从。因为王明勇非常清楚地知道，她儿子这个劳动争议案件已经持续九年多了，她儿子成为法律意义上的无业游民也已长达七年之久，该事实又是被省高院七年前作出的生效判决所确定，加之被申诉方是财大气粗的某著名银行，在这种情况下，要想成功翻案，岂不难于上青天？

孙某原系青岛某银行的正式职员，1998年10月24日上班期间突然莫名其妙地离家出走。一个月后，银行以孙某无故旷工超过15天为由将其除名。曾在军事法院担任庭长职务的孙某某不服该除名决定，代理孙某向青岛劳动争议仲裁委员会申请仲裁，要求确认银行的除名无效，并要求裁决银行依法向孙某支付工资与保险等相应报酬和福利。仲裁庭经依法审理，认为银行作出该除名决定缺乏足够证据，且程序违法，遂依法裁决支持孙某的仲裁请求。此间，该银行因为更名改制需要，被国家开发银行济南分行实行政策性接收。

更名改制后的银行不服该仲裁裁决，向青岛中院提起诉讼要求撤销裁决。在庭审过程中，孙某某作为孙某的诉讼代理人，书面申请法院帮助调取1998年10月24日之前孙某曾在青岛市精神病医院诊断治疗的病历，想以此证实孙某上班期间离家出走属于精神分裂症发作后失去自控能力所致，并非无故旷工。然而，青岛中院不同意该取证申请，认为提供证据支持自己的诉讼主张是民诉法赋予当事人的法定义务，不能提供相应证据就要承担举证不能的法律后果。然而，由于精神类疾病的病历事关个人隐私，依法只向公检法机关提供，即便孙某的亲生父亲也无法调取其病历。由于不能提供打赢官司所必需的相应证据，孙某一审败诉。

孙某某不服该一审判决，代理孙某向山东省高院提出上诉，要求撤销青岛中院的一审判决，并请求驳回银行的诉讼请求。省高院二审期间，孙某某再次书面申请帮助调取孙某的病历，但是同样未能获得支持。由于不能提供足以推翻一审判决所认定事实或能够证明一审判决适用法律确有错误的足够证据，山东省高院遂于2000年8月依法判决驳回上诉，维持原判。至此，孙某不仅没有任何工资收入，反而成了随时离不开药物治疗的精神分裂症时常发作的无业游民。

"水兵律师"王明勇

为了给儿子讨个说法,并使其今后生活能够有所保障,孙某某自省高院作出终审判决之日起,就一直代理孙某上访、申诉。其间,舰队政治部和舰队军事法院都曾给予孙某父子力所能及的支持和帮助,并曾多次派出法院副院长等人帮助孙某某到济南军区或山东省高院沟通协调,要求帮助解决再审立案问题,但效果均不明显。后来,孙某某见王明勇律师在业务上崭露头角,于是转而向王明勇律师寻求帮助。了解整个事件的来龙去脉后,王明勇深知李某这一跪为自己带来的可不只是尊崇与荣耀,更是无限信任、责任和压力。

在办案过程中,随着对案件事实了解得越来越深入和透彻,王明勇越来越清醒地认识到,如果继续前人的办案思路,就不可能有所突破。因此,必须另起炉灶,重新开张。经研究梳理,王明勇认为本案的焦点问题主要集中在以下五个方面。

第一,青岛劳动争议仲裁委员会(现名称为劳动人事争议仲裁院)1999年作出的仲裁裁决书,在法院诉讼阶段能否作为有效证据使用?

四、经典案例

第二,某银行当年对孙某除名的程序是否合法?证据是否足够充分?

第三,孙某在工作期间离家出走是否属于无故旷工?

第四,国家开发银行济南分行是否应对孙某承担责任?

第五,如果本案再审成功,那么更名改制后的银行是否应该接收孙某?

分析梳理出以上焦点问题之后,王明勇进一步研究发现,解决问题的关键,还是要从证据入手。毋庸置疑,一旦取得能够证明孙某离家出走之前就已罹患精神分裂症的相应证据,那么所有焦点和难点性问题都将迎刃而解。但是在本案情况下又该如何取证呢?本案过去的事实证明,申请法院帮助取证并不现实,否则孙某也不至于一审、二审都会败诉。而以舰队法律顾问处的名义帮助孙某取证是否可行呢?经咨询青岛市精神病医院,王明勇发现此路不通。正当一筹莫展之际,王明勇突然灵机一动,何不申请舰队军事检察院帮忙取证呢?

"水兵律师"王明勇

没想到思路一开,结果就"柳暗花明"了。就这样,王明勇通过变换思维角度,终于在舰队军事检察院的帮助下,到青岛市精神病医院调取了孙某早在1998年10月24日工作期间离家出走之前的病历,该病历显示离家出走之前,孙某就已在该院诊断确认罹患精神分裂症。调取该至关重要的证据后,山东省高院经过开庭再审,依法判决撤销其于8年前作出的终审判决,改判银行除名无效。之后,王明勇又代理孙某和青岛某银行据理力争,经过近两年时间的艰苦努力,终于帮助已被银行除名十年之久的孙某依法恢复银行职员身份,依法为他解除了未来有关衣食住行的后顾之忧;同时,也为部队摸索出了一条通过法治渠道扶危济困的新路。

案件结束后,李某再一次在其侄子的搀扶下来到舰队法律顾问处。不过她老人家这一次不是前来下跪的,而是奉送了锦旗一面,上面二十个金光闪闪的大字格外耀眼:"体恤民苦,巧解十年冤情;为民解忧,承载千秋功业!"

（二）非诉篇

涉军伤残补偿类

1.通过和"法律上的明白人"斗智斗勇，而妥善解决某学兵跳楼自杀案

2009年5月8日，在中午饭后的午休期间，正在驻青岛某军校接受专业训练的学兵宋某某，突然从四楼宿舍对面的开水房的窗口坠楼，并当场气绝身亡。

接到报警后，学院保卫科的王科长立即带人赶到事发现场，并随后对宋某某的战友及相关目击证人等制作了《询问笔录》13份。这些笔录集中反映了以下情况。

第一，宋某某性格内向、沉默寡言、精神抑郁、时常流露悲观厌世情绪。

第二，宋某某家庭比较特殊，不但生活在条件相对较差的东北农村，而且母亲患有精神分裂症，常年依赖药物控制

病情。母亲的病情经常让宋某某痛苦不堪、寝食难安。

第三，宋某某在坠楼之前，曾数次坐在开水房的窗台上犹豫不决。其中的一份《询问笔录》中还有如此记载："我问他坐在那里干什么，他回答说'擦窗户'"。根据以上《询问笔录》所反映的情况和宋某某坠楼身亡等相关事实，学院认定宋某某系自杀身亡。

接到宋某某自杀身亡的善后事宜处理通知后，宋某某的父母在宋某某的姑奶奶（职业心理咨询师），以及宋某某的大伯（自称其系宋某某的大伯，部队转业干部，辽宁某市公安局刑警大队资深民警）等一行十余人的陪同下来到部队。看完学院提供的《询问笔录》等全部案卷资料，并向学院保卫科详细了解接案后的处置程序等细节性问题之后，宋某某的大伯向负责善后处理工作的学院政治部主任正式表态："如果赔偿少于80万元，免谈！谁叫你们碰到法律上的明白人了呢！"

一般而言，发生亡人等极端事件之后，部队总是寄希望于尽快处理善后事宜，似乎连一天半日的时间都不想等待。

本案纠纷也是这样，即便面对学兵大伯这个"少于80万元，免谈！"的"狮子大张口"，学院领导仍想速战速决，再三督促工作组要求尽快跟宋某某的家属谈判并争取尽快火化，以便及早结束善后处理工作。岂不知，这恰恰就是该学兵家属死死不松口的一个非常重要的原因。因为宋某某的家属不仅自认为在"法律上十分明白"，而且熟知部队情况，了解部队心理，所以才敢于"任凭风浪起，稳坐钓鱼船"。

眼看时间飞逝，而善后处理工作却一直僵持在"如果赔偿少于80万元，免谈！"上纹丝不动，善后处理小组的压力之大可想而知。无奈之际，学院领导急召王明勇律师前来帮忙。在详细了解了以上情况，尤其是在仔细询问保卫部门与案件处置流程有关的各种细节之后，王明勇发现宋某某的家属之所以如此自信，自信到敢于在堂堂的军队院校政治部主任面前自称"法律上的明白人"，就是因为他们抓住了学院在处置宋某某坠楼身亡事件中的一些法律漏洞和程序性瑕疵。具体而言，学院保卫部门恰恰是在那些看似无关紧要的程序性的细节问题上出现了纰漏，而这些细节却决定着成败。

第一，没有进行尸检，也没有就是否同意尸检书面征求死者家属的意见。毫无疑问，不进行尸检，就不能贸然排除不是因病死亡的可能。

第二，作为部队刑事案件的职能部门和主管机关，学院保卫科在接到宋某某坠楼身亡的报案之后，并没有按照刑事案件的相关处理程序予以立案。而不经法定程序依法排除他杀可能，就不能贸然认定宋某某是自杀。

第三，未能充分研究甄别并妥善保管那13份《询问笔录》。按照法律规定，保卫部门依法制作的刑事侦查卷可以不对外公开，尤其是那份包含"擦窗户"内容的询问笔录，不言而喻，"擦窗户"等相关内容极易引发歧义。保卫部门说宋某某系自杀身亡，死者家人还有可能认为是因公牺牲呢。

找准问题的症结所在之后，王明勇律师首先建议学院保卫科将宋某某坠楼身亡作为刑事案件予以立案，然后依据翔实的证据材料排除他杀的可能，并就是否同意尸检书面征求宋某某父母的意见，从而将皮球巧妙地踢给对方。如果家属不同意尸检，那么不能排除因病死亡的责任就不会强加在学院头上。事实上，宋某某的家人非常清楚他的精神状况，也知道他并非因病不治而亡。在此基础上,学院再作出宋某某坠楼自杀身亡的认定意见,最后再撤销此前的刑事立案。这样做,基本上就能把宋某某大爷的"狮子大张口"封堵一半。

俗话说,"心急吃不了热豆腐"。像本案这种疑难复杂情况的处置,更不能急于求成。为此,王明勇说服学院领导改变谈判思路,由过去的积极主动一再上门要求和谈,改为以静制动等待时机,以时间换空间。果不其然,学院刚刚放慢工作节奏,以大伯为代表的宋某某的家属就坐不住了,由过去的爱答不理,变为主动地询问:"有空坐下来好好谈谈吧?"

没想到在谈判过程中宋某某的大伯又出新招,要求学院必须首先提供一份由三甲以上医院出具的病历材料,其中必须注明宋某某从发病住院到不治而亡的详细过程,理由是"按照军人抚恤条例等相关规定,军人如系自杀死亡,地方政府就不会接收其档案",同时还要求学院"必须出具宋某某系自杀身亡的红头文件",并说"但是我看过之后绝对不会签字!"

没想到王明勇一眼看穿其险恶用心,因此不等宋某某的大伯老调重弹的"如果赔偿少于80万元,免谈!"话音落地,

"水兵律师"王明勇

就立马接茬回应,一针见血地指出:"关于宋某某自杀身亡的红头文件学院必将出具,但是绝对不会给你!"闻听此言,宋某某的大伯悚然一惊,声色俱厉地逼问王明勇:"你,你,你是谁?你不能说话!"对此,王明勇微微一笑,说:"我是谁并不重要。重要的是,如果你不让我说话,这件事情就暂时放下,等将来有机会再说吧"。

王明勇之所以敢于侃侃而谈"但是绝对不会给你",就是因为准确把握了宋某某家属的心理,同时大胆猜测他们并未事先准备由宋某某父母出具给该大伯的并经过公证的处理宋某某善后事宜的授权委托书。这样,他这个"法律上的明白人"就没有资格接收有关宋某某自杀身亡的红头文件,毕竟大伯跟父亲绝对不是同一个法律概念。不言而喻,这句话一下子戳到了宋某某大伯的痛处,所以让他恼羞成怒。

见宋某某的大伯不再说话,王明勇继续说:"虽然明知你所说的病历其中有诈,但是为了顺利移交档案,我们将来也会找人出具。不过,必须首先就宋某某的善后处理达成一致,签订书面协议,等尸体火化之后,你们踏上回乡的列车之前才能出具"。王明勇之所以要求必须严格按照这样的程序去做，就是为了防止宋某某大伯这个"法律上的明白人"借机兴风作浪。试想，如果给他一份宋某某系自杀身亡的红头文件，再给他一份宋某某因病不治而亡的三甲医院病历，那么，一旦以该大伯为代表的宋某某的家属拿此互相矛盾的两份均具法律效力的书面材料"说事儿"，后果必将不堪设想。

就这样，王明勇协助学院善后处理小组，通过综合运用"心理战"和"法律战"，和学兵大伯这个"法律上的明白人"斗智斗勇，经过心理承受力和斗争艺术策略的暗中比拼，迫使其逐渐丢掉幻想，慢慢回到依法、理智、理性地解决问题的正确轨道上来，并最终以部队补偿14万元的条件，与宋某某的家人达成和解协议。此前，学院分管行政工作的杨副院长，曾在善后处理工作协调会上向王明勇律师再三交代谈判底线："尽量争取不要超过40万元吧"。

事实上，像本案这种自带法律专家和心理咨询师来部队处理事故案件的情况此前并不多见，所以本案纠纷的圆满解决，在为首长机关解除后顾之忧的同时，也为部队处理类似敏感复杂案件积累了一定经验。

2. 谈判解决交通事故意外死亡士官之父拒不火化儿子尸体案

2007年6月中旬的一天深夜，驻青岛某部的士官郜某、李某在打车返回驻地途中发生交通事故，出租车司机与郜某、李某虽非同年同月同日同时生，但是却在同年同月同日同时亡。

事故发生后，郜某之父郜某某带队来青处理郜某的善后事宜。郜某某曾经参加过1979年2月的对越自卫反击战，荣立战功，并成为三等革命伤残军人。随同来青帮助处理郜某善后事宜的李某系郜某的表哥，从部队转业后在老家当交警，他对郜某因何而死，以及郜某某应该向谁主张损害赔偿权利再清楚不过。在这种情况下，郜某善后事宜的处理工作似乎不应遇到太大障碍。

然而，大大出乎部队领导意料之外的是，郜某某居然把斗争的矛头指向了部队，而且态度十分强硬。他们对部队提出的要求看似简单，实则比登天还难："要么还我儿子，要么让我女儿顶替她哥当兵，最低限度也要帮我把郜某的尸体运

四、经典案例

回老家山西！"事实证明，无论谁来劝说，无论劝说者职位高低，也无论在什么时机场合，只要部队不答应自己提出的要求，他就立刻会把桌子猛然一拍，双目圆睁，横竖都是一句话："我可是从越南战场上下来的，为国打过仗、负过伤，难道你还能把我拉出去毙了不成？！"无奈之下，部队准备采纳交警部门的建议——以部队名义火化郜某的尸体。

此时，王明勇律师正按舰队首长指示在各任务编队"送法下基层"。当他听说部队即将迫不得已地以自己的名义火化郜某的尸体之后，不免大吃一惊。虽然不是善后事宜处理小组的成员，但出于强烈的责任感和事业心，他马上找到部队领导并提示这样做可能带来的风险："郜某在非因公外出期间发生交通事故，且事故发生在远离部队营区之外的地方辖区，又系地方出租车肇事，所有赔偿责任依法均由出租车司机及其所属公司承担，因此郜某之死与部队没有任何关系。而一旦将郜某的尸体强行火化，那么可以预见的后果之一，就是部队火化之日即为引火烧身之时！"

见部队领导越听越吃惊，仿佛此前从未想过以部队的名义火化意外死亡士兵的尸体，居然还有可能引发如此之多的法律风险。王明勇继续说："以我听说的郜某某的固执倔强，以及贵部所面临的谈判僵局，强行火化郜某尸体之后，郜某某必然会来部队要人，那时候你们不仅无法还他一个活蹦乱跳的儿子，就连一具冰冷的尸体也没有，这种做法带来的法律风险可想而知。因此，以部队的名义强行火化郜某尸体，就好比是他人牵驴你拔橛儿，这就叫本系他人肇事，何必引火烧身？"

没想到部队领导边听边点头，但是脸色却越来越难看，听到最后竟然两手一摊，一筹莫展地说："如果不是被逼无奈，我们也不会出此下策。为了能让郜某某尽快同意火化，我们几乎已经想尽一切办法。没想到这人谁的话也听不进去。舰队军务处领导亲自找他谈过话，保卫处领导找他谈过，直工处领导也找他谈过，我们甚至请了舰队作战处的一名退休领导出面做工作。此人是郜某的老乡，平时与其交往十分密切，但也无济于事。现在，首长机关几乎是一日三遍地催促我们尽快结束善后工作，可郜某某的工作就是做不下来。因此，除了接受交警建议以部队的名义火化外，难道我们还真能把郜某某拉出去拿枪毙了？"

四、经典案例

看到部队领导如此愁苦无助的样子,王明勇深感责无旁贷,主动请缨道:"那就把死马当作活马医,让我去试试吧!"得到领导首肯之后的第二天上午,王明勇主动敲响了郜某某所住招待所的房门。

其实,在来之前,王明勇已经做了比较充分的准备工作。他不仅详细了解了郜某某的家庭情况及其真实诉求,而且进一步温习了《最高人民法院关于审理人身损害赔偿案件适用法律若干问题的解释》的相关规定,并将其打印了一份随身携带。同时,王明勇还认真研究了《国家八部委关于尸体运输管理的若干规定》和《山东省殡葬管理规定》等法规政策,并据此判断郜某某有其身为交警的侄子帮助出谋划策,不可能不知道既然郜某死于交通事故,国家政策又不允许他这样的汉族土葬,其遗体是不可能跨省运输的。有了这些事先准备,他就做到了"家中有粮,心中不慌"。尽管已经做足了必要的功课,但王明勇对和郜某某谈判可能遇到的困难也有十分清醒的认识。

第一,郜某某生活在相对偏远的农村,虽有一子一女,但是在他男尊女卑的传统思想观念里,尚未婚配的儿子英年早逝，就相当于让他这个家庭"断了后"，因而他在悲痛绝望之余的固执己见也是人之常情。

第二，郜某某之所以要求部队把他儿子的尸体从青岛运回老家山西，其根本目的还是想以此逼迫部队能够答应他女儿参军等不合理要求。

第三，女兵入伍条件严苛，且必须遵守相关的法定程序。而郜某某之女既不符合条件，也不符合特招规定。对于郜某某该项请求，无论是谁都不能擅自答应。

事实上，此前和郜某某进行的数次谈判，在既不能答应其无理要求，又必须坚持基本原则的情况下，除了在郜某某吹胡子瞪眼"你还能把我拉出去毙了不成"时的无功而返外，也确实没有其他更好的办法。现在，即便王明勇在紧急关头主动请缨，部队也不可能给出比其他谈判者更多的讨价还价的条件。不言而喻，在这种情况下，敢于向困难发起挑战，"明知山有虎偏向虎山行"，简直就是一个艺高人胆大的感人之举。

出于对"白发人送黑发人"的理解和尊重，王明勇见到郜某某后做的第一件事，就是向其深鞠一躬，然后紧紧地握住他的双手,发自内心地说了一声:"您多保重!"陪郜某某沉默三分钟之后,王明勇一边递上自己的名片,一边自报家门:"我是舰队法律服务中心主任王明勇,主要职责就是为部队和军人军属提供涉法维权服务。希望我的工作能够对您有所帮助!"

随后,王明勇又将事先打印好的那份人身损害赔偿司法解释交给郜某的表哥。他说:"大哥既然是交警,自然应该清楚这个司法解释的作用,这是处理交通事故损害赔偿案件的直接法规依据。为了便于你们研究参考,凡与本案损害赔偿有关的条款,我都已经用红笔划线标明"。之后,王明勇向郜某某简单介绍了几个与该司法解释有关的典型案例。其中,就包括王明勇亲自办理的曾被中央电视台连续报道两天的,发生在24年前的那个过失枪击致人重伤案。王明勇的介绍看似漫不经心,实则在无意中对郜某某的情绪和注意力进行引导转移。介绍完案子,王明勇非常诚恳地对郜某某说:"具体到咱们这个案子,当前最为主要的任务,就是如何和出租车公司协商谈判。当然,如果你们愿意打官司,我也会全力配合。我以党性和人格担保,我一定会竭尽全力地帮您

"水兵律师"王明勇

争取最大利益!"

不难看出,如此开场表明王明勇是把自己放在了与受害人家属同等的立场上,设身处地站在受害人的角度为他们着想。这与其他谈判者那样上来动不动就讲大道理不同。这样就自然而然地让郜某某对其产生信任感,让他在不知不觉中感到宽慰和放松,从而不自觉地缓和此前一贯秉持的狐疑戒备与紧张对立的情绪。对此,王明勇总是说:"人心都是肉长的,无论何时何地,也无论何情何景,只要你肯付出真心,即便换不来真心,对方一般也不会彻底泯灭良心。"

尽管没有把火化问题放在首位,但谈着谈着,话题自然而然地转到这个核心问题上来了。由于让郜某某的女儿当兵不属于自己的职权范畴,所以王明勇对此斩钉截铁地一口回绝。对于郜某尸体的跨省运输问题,王明勇则依据《国家八部委关于尸体运输管理的若干规定》和《山东省殡葬管理规定》等法规政策予以详细的解释说明,并请其谅解。见王明勇把他的全部请求都一股脑儿地统统给挡了回去,郜某某不由得再一次恼羞成怒,再一次上演此前已经重复多次的强势逐客一幕,即把桌子猛地一拍,两眼一瞪:"我可是从越南战场上下来的,难道你还能把我拉出去枪毙了不成?"

正常情况下,一旦谈到如此尴尬地步,一般人都会识趣地自觉告退。但是王明勇既不尴尬退缩,也不激动生气,而是表情淡然,静观其变。王明勇相信坚持就是胜利,而且相信在这种巅峰对决的时刻,谁能坚持到最后,谁就能够赢得最后的胜利。

沉默片刻,等郜某某慢慢喘匀了气,王明勇也进一步放缓语速,耐心、诚恳地对他说:"您的心情我能理解,人生最难堪之事莫过于'白发人送黑发人'。但人死不能复生,望您节哀!"见郜某某不再暴躁不安,王明勇继续说:"俗话说,'死者为大,入土为安'。您如此固执己见,不但自己伤心动怒,而且于事无补。您这样做,您儿子的在天之灵能够安息吗?"

看到郜某某慢慢平静下来,王明勇便进一步启发诱导地说:"我们总不能拿死人压活人吧?再说,当务之急,是我们团结一致去找出租车公司讨要公道,绝不应该把精力和时间都浪费在内耗上。俗话说'强龙不压地头蛇',您大老远地从山西赶过来,人生地不熟,如果离开部队这个坚强后盾,您

"水兵律师"王明勇

靠什么去和出租车公司这样的坐地户据理力争？"或许认为王明勇言之有理，郜某某虽然不接话茬儿，但却代之以长久的沉默；同时，他一支接一支地凶猛抽烟，不断地摇头，叹息。半晌之后，郜某某突然又是猛地一拍桌子，声音一下子提高了八度："我明天就拉着儿子的尸体到青岛市政府上访！"

见他如此固执己见，不听规劝，王明勇也突然冷不丁地把声音提高了八度，直视郜某某的眼睛，故意鄙夷不屑地说："你吹牛！我可以非常负责任地告诉你，明天你连你儿子的尸体都不可能从青岛市殡仪馆里取出来！没有尸体，你拿什么去青岛市政府上访？"

王明勇之所以说郜某某吹牛，是因为他很清楚遗体存放与领取程序。当初，郜某的遗体是以部队的名义存进青岛市殡仪馆的，相关单据都在部队手里。虽然郜某某是郜某的亲生父亲，但由于他不掌握遗体存放单据，也就无法取出郜某的尸体。因为殡仪馆只认单据，不认人。如果没有尸体，郜某某所谓的拉着儿子尸体到市政府上访，就只能是一句空话。

另外，王明勇之所以如此大声地嘲笑郜某某，也有"治顽疾,用猛药"的意思,他想以此刺激郜某某早已麻木不仁的神经。果不其然,乍听王明勇这样一说,郜某某禁不住一下子愣住了,瞠目结舌,竟然半天没有说出一句话。见郜某某呆立无语,王明勇也不再做声。此时无声胜有声……

事情过去后,王明勇律师曾对朋友们说,其实当他把满含讥讽的"你吹牛"三个字恶狠狠地说出口之后,他的手心里也是不由自主地捏了一把汗。因为这话不仅说得太重,也太过分,而且还饱含蔑视与讥讽。在这种白发人送黑发人的场合,说这样的话其实并不合适,一般人绝对不会这样说。没想到这句狠话不仅没有进一步激怒郜某某,反而收到了出其不意的效果。这句狠话对早已痛苦到麻木的郜某某而言,无异于当头棒喝,让他麻木的神经趋于冷静和理性。

趁郜某某愣怔无神的工夫,王明勇刻意舒缓了一下语气说:"我这人是急脾气,冒犯之处还请您见谅。我始终想不明白的是,不知您坚持不火化儿子的遗体到底是为什么?如果您对死因有怀疑,比如您觉得儿子是中毒或是被人殴打致死,那么我绝对支持您继续保留尸体,以便将来进行更加准确的鉴定。如果费用不够,我帮你垫付!"见郜某某不经意间转过头来细心倾听,王明勇继续说:"但是事实并非如此!您儿子确凿无疑是死于交通事故,且系当场死亡。不存在其他原因致死或者因为部队的原因而耽误您儿子抢救治疗的问题。在这种情况下,您坚持保留儿子尸体有必要吗?"

对于王明勇的以上说法,邰某某虽未直接表态,但却不再暴怒。于是,王明勇继续往下说:"您当过兵,是我们的老前辈。您也知道,对部队而言,亡一人与亡两人的政治影响不可能一样。所以,每当事故发生,但凡能有一线希望,部队都会抢在第一时间尽最大努力积极救治。换句话说,在您儿子乘坐地方出租车意外死亡这个问题上,部队不存在草菅人命或者耽误治疗等方面的过错。在这种情况下,您拿儿子的尸体跟部队较劲,这合适吗?"

王明勇说到这里戛然而止,因为他知道把握何时终止谈判的时机与何时开始谈判同等重要。与画画一样,谈判也需要适当"留白",以便给人以必要的思考和判断的时间。

又一次默默无语地陪邰某某长吁短叹一阵之后,王明勇边起身告辞,边说:"思虑再三,我觉得您还是应该好好看看这个司法解释,以便集中精力有的放矢地去跟出租车公司谈判。名片上有我的联系方式,如需帮助,请您直接打电话给我。不论早晚,我会为您24小时开机!"

值得一提的是,在王明勇和郜某某谈判期间,郜某的表哥李某只是一支接一支地抽烟,沉默静听,自始至终一言不发。或许他在等待时机找寻破绽以便适时反击。告辞出门的时候,王明勇特意看了一下手表,发现紧张而激烈的谈判整整持续了一小时零四十分钟!

既在意料之中,又让王明勇深感意外的是,就在这次谈话结束不到五个小时的当日下班之前,舰队机关牵头负责处理郜某善后事宜的李副处长突然打来电话。他抑制不住兴奋,激动地说:"告诉你一个好消息,郜某某刚才主动给我打来电话要求尽快将他儿子的遗体火化!"

更加值得一提的是,就在郜某某主动要求火化儿子遗体不到两个月的时候,他竟然带着妻子和女儿再次来到郜某生前所在部队,以烧纸和摆放祭品等方式封门堵路,继而上访、缠访、闹访,既对部队的正常工作与生活秩序造成了不良影响，也让部队领导再一次感到十分的头疼。这时候，部队领导才真正感受到了值得庆幸的是，部队当初并未强行火化他儿子的尸体。否则，从上访、闹访的情形看，强行火化郜某尸体之后不引火烧身才怪呢！

房地产纠纷类

1. 依法成功解决某军职离休干部以杀身成仁的决心，带着骨灰盒进京上访的某干休所改造纠纷案

2003年年初，既无资质又无资金的烟台JY公司，依附在资金充足实力雄厚的BF公司之后，积极参与了海军驻烟台某部干休所的老所改造项目招投标。由于部队当时不允许联合投标，所以在招投标过程中就动员BF公司将其投标书中的JY公司名称直接划掉了。然而，令人匪夷所思的是，BF公司经过几轮激烈竞标之后，竟然在中标的当时，突然声称自己另有其他重要房地产项目急需运作，要求放弃中标。在这种情况下，招投标领导小组临时决定将原定竞标改为议标。于是，曾经依附在BF公司之后参与投标的JY公司就成了干休所老所改造项目的合作方。

以弄虚作假的方式骗取中标后，在需要缴纳履约保证金2000万元时，JY公司又找到实力雄厚的HS公司寻求帮助，由其代为缴纳首期中标保证金1400万元（部队出具的收款收据中注明"HS公司代缴"）。就在干休所按照约定条件向总后办理涉案项目的报批手续过程中，HS公司提出要参与涉案项目运作，并由此与JY公司发生争议，双方为了独揽涉案项目而开始明争暗斗。在彼此僵持不下长达两年时间之后，经部队上级主管机关居中斡旋调停，JY公司与HS公司最终达成一致意见，同意共同出资成立专门针对涉案项目的HSJY公司。

2007年4月，总后勤部批准HSJY公司以JY公司2003年骗取中标时约定的合作条件，和干休所签订联建合同。合同签订后，干休所积极地协助HSJY公司办理涉案土地出让手续，但是HSJY公司却并未依约缴纳剩余履约保证金600万元。不知何故，干休所对此违约行为一直未提任何异议，也未主张HSJY公司给予违约赔偿。

其实，早在2004年左右，驻所老干部中的绝大多数都已经主动自觉地跟干休所签订拆迁安置补偿协议，并腾退原有住房到外面租房或借房居住。其原有住房已经因为老所改造的需要而提前拆除。到 2007 年 4 月 HSJY 公司与干休所签订联建合同时，许多老干部搬离干休所营区在外租房或借房居住的时间已经长达三四年之久。其间，在所有 79 位驻所离休老干部中，没等看到老所改造破土动工，就已含恨离世的离休老首长或其配偶已达 27 位之多！在按照首长指示前往烟台干休所调研期间，几位曾经荣立过一等战功的在战场上视死如归的离休老首长竟然眼含热泪，满怀激情地对王明勇说："请你转告舰队首长，如果老所改造工作能够尽快进行，我们情愿去给首长集体下跪！"

与强烈要求马上实施改造工作的老首长们形成鲜明对比的是，以曾经参加过"百团大战"的一位军职离休干部为代表的另外一部分老首长，则从干休所与 HSJY 公司的联建合同中看出了端倪，并明确提出："必须首先赶走弄虚作假、骗取中标的开发商，然后才能谈老所改造问题，之后再谈干休所和谁合作，以及如何合作等相关问题；否则，改造工作就不能往前推进半步！"为达到此目的，该军职离休干部曾在多名师团职离休干部的陪同参与下，频繁上访。他们甚至仿效三国时期的庞德"抬棺战关羽",学习"抬棺进疆"勇斗沙俄的民族英雄左宗棠,抱定"宁为玉碎、不为瓦全"的必死决心,多次带着骨灰盒进京上访,其决心之大让人为之动容。

不难看出,关于老所改造工作是否能够继续进行的问题,在干休所老干部内部已经自发地形成观点尖锐对立、立场截然相反的激烈对抗的两派。而上级规定,老所改造工作必须事先征得驻所老干部的一致同意,才能进行。这就导致王明勇律师等人开始介入干休所老所改造纠纷案件时,部分老干部住房虽已拆除八年之久,但实际改造工作却未能再动一砖一瓦。

为推动老所改造工作加快进行,上级主管部门此前也曾多次向干休所派驻工作组,但效果均不明显。其中,由军事检察院和纪检部门组成的工作组,在干休所曾经一待就是45天。他们虽然查清了JY公司当初骗取中标时的相关情况,并向老干部进行了通报,但却未对JY公司作出实质性的处理。这不但未能推动老所改造工作有所进展,反而使上访告状的老干部们"证据更加充足,感觉更加有理,要求赶走弄虚作假开发商的决心更大"。

"水兵律师"王明勇

　　虽然干休所早在决定改造之初就聘请某地方律师担任法律顾问，然而遗憾的是，该法律顾问乃至干休所的上级主管机关司法部门的法律顾问竟然均未真正把好其中的法律关：一是没有发现HSJY公司未能依约缴纳剩余保证金600万元而构成根本违约的事实；或者说，他们虽然已经发现该违约事实，但却未能引起足够重视，也未能及时建议首长机关依法采取相应措施。二是对导致老所改造工作迟滞不前的法律原因和违约责任认识不清，无论是干休所聘请的法律顾问，还是上级机关的法律顾问，都一致认为是部队干休所违约，甚至错误地认为正是由于个别离休老干部连续多年持续不断地上访闹事才导致老所改造工作长期迟滞不前，致使原本可以理直气壮地对早已构成根本违约的HSJY公司发号施令的干休所，反而因为老干部的上访，而对HSJY公司自感愧疚，并由此导致上访老干部与开发商之间的矛盾不断加剧。

　　为妥善化解矛盾，推动老所改造工作顺利进行，依法解决这个已经困扰舰队首长机关长达八年之久的历史遗留纠纷，2010年7~10月，王明勇律师曾经根据舰队首长指示，七次前往该干休所调查了解情况。在前述调研论证的基础上，王明勇对案件事实的来龙去脉已经非常了解，对于老干部上访告状的行为也有了非常清楚的认识。王明勇认识到，这些离休老干部绝非一般人理解的那样"上访只是为了一己之私"，而是党性原则强、主人翁意识好的典型表现。同时，他也弄清楚了阻碍老所改造顺利进行的症结所在。于是，他在果断建议首长机关应该"尊重历史，对照现实，实事求是地解决历史遗留问题，促使老所改造工作稳步推进"的同时，还帮助干休所及其上级主管机关认真梳理案件事实与证据，对干休所与HSJY公司2007年所签《联建合同》的效力予以准确定性，并在此基础上代表干休所勇敢地拿起法律武器，和HSJY公司据理力争，迫使其承认并尊重以下事实。

第一，由于HSJY公司未能依约缴纳剩余保证金600万元，致使双方签订于2007年4月的《联建合同》已于合同签订两个月即2007年6月之后"自动终止"。

第二，HSJY公司如欲继续参与干休所老所改造项目，必须与干休所重新协商合作条件，重新签订联建合同。

第三，老干部上访行为合法，是讲原则、讲党性的具体表现。他们为此支出的相关费用，将列入干休所开发改造成本。

在确定以上几大原则后，王明勇又帮助干休所通过针锋相对的斗智斗勇，迫使开发商 HSJY 公司最终作出重大让步，使干休所在 2007 年《联建合同》约定的分成比例的基础上，多分得住房 1421 平方米（按照当时的评估价，每平方米超过8500元），总价合计超过 1200 余万元。老干部住房由层高 2.8 米增加至 3.0 米，由此给开发商增加成本 300 余万元，或者说让老干部间接获利 300 余万元。此外，HSJY 公司还须向每户老干部赠送空调、电视等附加优惠，合计报价超过 200 万元。以上让利，总额超过 1700 多万元。

之后，王明勇又以此为契机，配合干休所及其上级机关工作组，挨家挨户去做离休老干部对于老所改造的思想认识统一工作，并很快取得了重大突破。以上工作，既帮助干休所彻底解除了长达八年之久的上访隐忧，也使已经迟滞八年之久的老所改造工作得以顺利进行。2012 年暑假期间，当王明勇因公再次路过该干休所时，发现绝大多数老干部已经乔迁新居，和谐安宁的气氛又重新回到了这个曾经一度因为老所改造纠纷闹得鸡犬不宁，但在老所改进工作启动之前又曾经是连续多年保持荣誉的全军优秀干休所。对于历经八年多磨难之后终于乔迁新居的老首长和家属们溢于言表的喜悦之情,王明勇律师回忆说:"那种其乐融融的感觉,竟然比自己乔迁新居还要高兴得多!"

2.抓住地方政府的法律漏洞不放,迫使其积极协助部队按照总部规定的时间节点,成功实现450亩军用土地依法回收案

党的十八大报告提出,领导干部要提高运用法治思维和法治方式的能力水平。对此,王明勇律师解读说:"这一要求的实质,就是要求领导干部都要用法治思维替代过去的领导思维、管理思维和行政思维,以法治方式实现依法行政与依法决策。"2011年6月30日,在这个总部规定的时间节点到来之前,王明勇协助海军某部成功地实现了450亩军用土地依法回收。这个案件办理过程的一波三折,足以从一个侧面解读法治思维与法治方式在治国理政和依法治军中的极其重要性。同时,该案也以铁的事实证明,法治方式既是履职尽责的根本前提,更是效益的基本保证。

"水兵律师"王明勇

涉案土地位于山东省沿海 CY 县,原系陆军某部农场用地,1977 年移交海军时声称土地面积共 450 亩,但都并无任何文件资料予以证明,接收土地的海军某部,后来也未确权办证,更有甚者,海军某部在按总部要求对该 450 亩土地实施回收时,甚至连陆军向海军移交时的交接文书都找不到。海军某部接收涉案土地后,即以每年总额 6 万元的超低价格,将其打包出租给当地一个名叫孙波(化名)的人种植农作物,实行"以租代管"。

2008 年 9 月,孙波在王亮(化名)的游说怂恿之下,向海军某部营房处提出申请:"所承租土地旱涝不均,十年九不收。为保证按时上交租金收益,并保证部队土地不被周边村民非法侵占,现申请将所承包土地改建盐田。"没想到部队营房处未经上级同意,就在孙波的书面申请上加盖了公章。之后,孙波将涉案土地非法转租给王亮,王亮在拿到部队盖过公章的申请后,到 CY 县人民政府主管部门办理了盐田建设审批手续。

出乎所有人意料之外的是,2009 年上半年,这块已经闲置长达 30 多年之久的"以租代管"军用土地,竟被总部确定为某重大国防战备工程建设用地,并要求海军某部务必于2011年6月30日之前具备开工所需的一切条件。然而,此时涉案土地已被王亮改建成可以日进斗金的盐田,并千方百计阻止回收工作正常进行。本案土地回收纠纷即由此发生。

其实,早在陪同上级机关勘察选址的时候,海军某部就已发现王亮正在涉案土地上打卤水井,大张旗鼓地修建盐田。当时部队也已口头告知王亮必须立即停止施工,但王亮未予理睬。2011年4月,当王明勇作为部队法律顾问正式参与回收工作时,涉案土地已被王亮全部改建成盐田,并已正式投产。没想到在协商土地回收事宜时,王亮竟然提出至少赔偿直接投资成本损失2600万元的不合理要求。

经再三沟通协调,王亮虽然被迫作出让步,但却声称:"如果赔偿少于1430万元,你们直接拿走土地好了!"言外之意,如果你们部队胆敢这样做,我就组织周边200余户参与投资入股的村民集体上访。这样,必将影响部队形象和战备工程建成之后的长治久安。

事情发展到这一步,和王亮之间的协商谈判工作已经陷入僵局,而总部规定的时间节点却正日益临近。在这种情况下,若想按照总部规定的时间节点实现土地回收,除了尽最大限度满足王亮的天价索赔条件外,部队似乎已经别无选择。然而,部队经费有限,每一分钱都应有正当出处。像本案这样,如果回收自己被他人非法转租出去的土地还要反过来倒赔巨额款,显然没有事实和法律依据。因此,这1430万元赔偿款将从何而来,又将因何而出呢?

由于涉案土地一年的租金收益满打满算也只有区区6万元,照此标准计算,即便238年的租金加在一起,总和也不够支付王亮要求天价赔偿的这1430万元。况且,这6万元还是逐年缴纳,不难想象,仅靠区区租金收益怎能补如此天大的窟窿?

未经部队允许即非法转租土地的孙波,眼见部队回收土地的决心如此之大,面临的困难又如此之多,尤其是当其明知部队无法满足王亮"至少赔偿投资成本1430万元"等相关情况后,认为自己即便砸锅卖铁也负不起这个责,于是畏罪潜逃。孙波是地方人员,部队司法机关无权对其采取任何强制措施,甚至连将其捉拿归案的通缉令都不能发。而找不到孙波这个"以租代管"合同的合同相对人,部队也无法直接跟涉案土地的非法占有使用人王亮直接对话,这就使部队的回收困难进一步加大。

另外,王亮之所以利用涉案土地改建盐田,源自孙波的非法转租。王亮和部队之间并未签订任何的合同或协议,甚至在回收之前部队根本就不知道还有王亮其人。因此,即便该"1430万元直接投资成本损失"真实存在,责任也不应该全部由部队承担。尽管如此,但王亮就是咬住"至少赔偿直接投资成本损失1430万元"不松口,至此部队已经跟他无理可讲。显然,在这种情况下,面对王亮等人的无理取闹和漫天要价,离开地方政府的积极协助,尤其是离开地方司法机关的居中裁判,部队必将成为"有冤无处诉,有理说不清"的小脚媳妇。

面对这一系列急需解决的现实困难,部队自然而然地想到了"双拥渠道",满怀希望地商请地方政府出面帮助解决问题,毕竟军队打胜仗人民是靠山。然而,经过几轮实质性的接触谈判之后,王明勇蓦然发现,CY县政府对于部队面临的这些日益紧迫且十分棘手的现实困难,竟然"貌似积极主动,实则回避推诿"。此前,部队曾经一次派出秘书处长、法院院长、检察长和保卫处长4名大校前往CY县政府请求帮助,可该县县委县政府仅仅派出一名政法委副书记出面接待。回应的低调和对部队求助事情的漠然处之,由此可见一斑。

然而,"踏破铁鞋无觅处,得来全不费工夫"。正当部队和王亮的协商谈判陷入僵局,而地方政府又"貌似积极主动,实则回避推诿",此案看似无药可救时,CY县政府有关部门却在不经意间向王明勇等人提供了两份证据。然而,出于CY县政府意料之外的是,这是两份足以能够改变案件走向的至关重要的证据。

第一份证据是CY县人民政府2009年1号文件。该文件明确规定:"凡利用部队农场土地改建盐田,必须提供企业与部队签订的土地使用合同或协议原件,否则一律不予审批……已经批准的,应当依法认定无效。"

第二份证据是CY县国土资源局为王亮出具的《盐田占用土地证明》原件。上面写道:"经测量,盐田实际面积为659.2亩"。

看到这两份至关重要的证据后,王明勇律师如获至宝。当时,他对同事们说的第一句话就是:"看来 CY 县人民政府真的从未打过行政官司啊!"

对该至关重要证据进行认真分析研究后,王明勇立即帮部队起草了一份致 CY 县县委的公函,一针见血地指出:"无论孙波如何非法转租土地,也无论王亮是通过何种途经或手段,将涉案土地的农业用地性质变成工矿用地,如果没有贵县人民政府的违法审批,上述非法行为就不可能合法化,我们现在的土地回收工作也就断然不至于如此艰难。按照行政许可法的相关规定,贵县政府既有责任也有义务将王亮等人非法改建的盐田,依法恢复其农业用地原状!"

要知道,土地问题是干系国计民生的首要问题,而且国家执行"确保十八亿亩土地红线不破"的政策坚定不移。从 CY 县人民政府 2009 年 1 号文件不难看出,该县政府是在"未见企业与部队签订的土地使用合同或协议原件"的情况下,擅自批准将农业用地性质的涉案土地改建为工业用地性质的盐田。此举涉嫌违法犯罪,最起码也是违法审批,责任非同小可。因而,接此公函之后不久,CY 县的县委书记就亲自挂帅成立了一个工作组，专事负责帮助部队协调回收涉案土地。此后，CY县人民政府的态度也发生了根本性转变，由过去的"回避推诿"转为现在的"积极主动"，居中协调力度骤然加大。

在此基础上，王明勇协助部队很快与CY县人民政府达成"以土地问题解决土地问题，以盐田问题解决盐田问题"的共识和一致思路对策，并很快签订由王亮、CY县人民政府和部队作为当事人的《土地回收三方协议》，主要内容有以下几方面。

第一，从王亮已经建成的659.2亩盐田中划出450亩归部队所有，保障国防重大战备工程建设之需，同时由CY县人民政府对该宗土地为部队确权办证。

第二，部队无偿收回该450亩土地，无须向任何人支付任何赔补偿费用，即部队一分不花实现军用土地依法回收。

第三，剩余209.2亩盐田所占土地，由CY县人民政府国土资源局收归国有。

第四，剩余209.2亩盐田由王亮继续无偿使用10年，用以折抵其所称直接投资成本1430万元。

第五，该209.2亩盐田10年无偿使用期限届满后，王亮如欲继续使用，则须另走招投标程序，实行公开竞价。

毋庸置疑，该三方协议的顺利签订和履行，不仅使长期困扰部队首长机关的该450亩土地回收难题迎刃而解，而且依法确保了国防重大战备工程的如期进行和工程建成之后的长治久安，同时还让部队首长机关知道做好市场经济条件下的"双拥工作"必须与时俱进，而且离不开法治思维和法治方式。

当然，从该三方协议中对CY县人民政府权益的保护约定看，CY县人民政府的法治思维与法治方式能力水平，也因这个案件的办理过程而得到了飞速提升。事实上，王亮的合法权益也得到了相应保障，他对本案的处理结果也很满意。总之一句话，本案的成功办理，让军方和地方都不约而同地感受到了法治的光辉，看到了法治的力量。

"水兵律师"王明勇

3. 唇枪舌剑迫使某区政协委员自觉腾退承租某部土地到期后拒不返还案

青岛作为国际知名的"帆船之都",非常荣幸地成为北京承办第二十九届夏季奥林匹克运动会的唯一"伙伴城市",并获殊荣在北京举行奥运会开幕式与闭幕式的同时,有权单独举办帆船比赛的开幕式与闭幕式。毫无疑问,在尽享荣耀的同时,青岛所面临的安保压力必然空前增大。为切实做好安全防范工作,以实际行动迎接万众瞩目的即将于2008年8月8日盛大开幕的这届奥运盛会,驻地在青岛市区的某军事院校,急须按照上级要求彻底回收学校周边的所有出租房地产。王明勇律师知道,作为军校常年法律顾问,积极协助学院首长机关做好这项历史性的工作责无旁贷。

事实上,由于缺乏有效管控,这些出租房地产已经成为所在地区"脏乱差"的典型,早已对学院周边的治安与人文环境造成严重影响。即便没有举办奥运会的安保压力,这些出租房地产也需要尽快全部收回。过去的几任学院首长都曾为此动过脑筋,做过努力,但结果都是无功而返。

在详细了解相关情况并经综合分析研究之后，王明勇认为，彻底解决本案房地产回收难题的关键，在于首长机关是否能够坚持原则依法办事。而能否实现涉案房地产顺利回收的关键，则取决于办事人员是否能够不畏强权而勇于担当。于是，在学院清房工作领导部署会上，王明勇旗帜鲜明地提出以下三点：第一，必须标准一致，口径统一，不允许出现与学院党委决策不同的声音。第二，必须分工明确，责任到人，任何人都不能越俎代庖；第三，必须讲究证据，完善程序，不能出现法律上的漏洞或瑕疵，更不能授人以柄。

由于奥运会开幕在即，"倒计时 100 天"的庆祝活动也早已拉下帷幕。此时，才正式开始学院周边出租房地产的腾退回收工作，显然为时已晚，不仅时间紧而且任务重。因此，如果按部就班地走法院诉讼程序肯定来不及，况且当地的法院系统对于部队清房工作一般不予配合。具体而言，是对涉案房地产案件不予立案。在这种情况下，王明勇果断建议应该先从协商谈判入手开展工作。由于这些承租户彼此互有沟通，面对学院施加的日益紧迫的回收压力，相同的利益诉求迫使其逐渐结成"抱团取暖"的利益联盟，因此，如果能够

"水兵律师"王明勇

通过谈判打开一个突破口，对于实现所有出租房地产的整体回收，必将起到良好的政策示范效应。

在具体工作过程中，王明勇进一步了解到，承租户之所以想方设法抗拒回收，根本原因在于其中的巨大利益诱惑。涉案房地产位于青岛市区的商业发达地段，交通便利且租金极其便宜。据说，只要赖账一个月不走，所获收益即可支付全年租金，其余十一个月全是自己获益，所以他们对于学院组织的历次清房运动都是一推再推，能拖就拖。

此外，王明勇还了解到，所有承租户和学院之间目前都没有有效的书面合同，要么是因为法制不健全而自始未签合同，要么是合同到期之后未予续签。另外，在本次清房工作开始之前的两个月左右，学院房地产管理部门已经再一次向各承租户发出通知，要求他们限期腾退交还承租房地产。基于以上情况，王明勇决定和学院清房办的宁助理挨家挨户地"走一趟儿"，以便进一步摸清情况，适时予以政策攻心，并视情况开展法律战。

当王明勇不显山、不露水地跟着宁助理走进某区政协委员范某某位于其所承租房地产的办公室时,已经是下午四点多。对范某某等承租户而言,宁助理可谓是熟客。此前,他不仅代表学院向他们下发过无数份的口头或书面腾退通知,也曾亲自上门催促商谈过无数次出租房地产腾退事宜。虽然每次都被他们当作了耳旁风,但是宁助理每次上门都像弥勒佛一般笑容可掬。因此,对于宁助理这一次造访的来意,承租户范某某自然心知肚明,所以早就做好了"兵来将挡,水来土掩"的重施故技的准备。他的基本思路无外乎一个字,那就是笑脸相迎"打哈哈"——拖!

果不其然,当宁助理又一次笑容可掬地和范某某像老朋友似的打过招呼,刚一开口提出腾退承租房地产之事时,早有准备的范某某就半是求情、半是嗔怪地说:"哎呀,我的宁大助理!你看我这样大一个企业,又是塔吊又是钢结构的,能说搬就搬吗?你起码得给我三个月的准备时间,也好让我找个地方吧?你们这样做也太不近人情了,好歹我也给学院交过十几年的租赁费了,也算为学院建设做过一定贡献了吧?"没想到遭受范某某劈头盖脸的这样一顿抢白之后,宁助理竟然没词应对了,不但不去据理力争,反而自知理亏似

"水兵律师"王明勇

地闷坐、喝茶……

其实，理亏的应该是承租户范某某才对：他不仅合同到期后长期赖着不走，而且不交任何场地使用费。他对宁助理的如此一番抢白，让王明勇真正见识了什么叫"欠钱的是大爷"，同时也让王明勇不由自主地想起了"无私者无畏"之外的另外两句贬人话，一句叫"无知者无畏"，另一句则是"无耻者无畏"。

再次代表学院前来通知范某某限期腾退交还承租房地产的宁助理，原本最应该理直气壮的，因为他不是代表他个人，而是代表了依法索要属于自己东西的整个军事学院，怎么能够反倒像是他做了亏心事一般呢？之所以出现这种情况，王明勇认为其中的根本原因，在于他们在法规知识尤其是依法维权技能技巧方面的极大的欠缺，以及他们对谈判思路策略领会掌握得不正确，甚至在于他们缺乏当家做主的主人翁意识。如果人人都像这样清房，恐怕等北京再次举办奥运会，这些出租房地产也收不回来！

在这种情况下，王明勇一看情形不对，立即接过范某某的话，对其反将一军，说："从今儿个起，如果再给您三个月的准备时间，那时候奥运会也结束了，你这房子又可以堂而皇之地继续使用下去了吧？"闻听此言，范某某悚然一惊，问道："你是谁？此前怎么没有见过你？"

不等宁助理解释介绍（按照既定策略，宁助理无须事先介绍王明勇的舰队法律服务中心主任身份），王明勇立马回应道："我是谁并不重要，重要的是，我代表学院过来告诉你必须马上腾退交房。你说学院应该给你三个月的搬迁准备时间，从宁助理他们上次来通知你，到现在已经过去远远不止三个月了吧？"

见范某某为之一愣，王明勇继续说："按照法律规定，房地产租赁合同如果超过六个月，就要采取书面形式，否则即为不定期租赁。对于不定期租赁，出租方有权随时要求解除合同收回出租房地产。你与学院之间的房地产租赁合同到期后，你虽然申请续签但学院并未同意续签，自合同到期至今已经超过一年多时间了吧？按照法律规定，从你知道学院不同意续签之日起，你就应该知道学院即将收回出租房地产。超过六个月不续签合同，你就应该自觉做

"水兵律师"王明勇

好随时搬迁的一切准备,而不应该像现在这样企图再一次蒙混过关!"

见王明勇律师说话中规中矩、滴水不漏,范某某的脸色越来越难看,不仅不再续接王明勇的话茬儿,反而当着王明勇律师和宁助理的面,开始一个又一个地给他在学院乃至在海军领导机关的新交故旧打电话。由于在此前的清房工作部署会上,已就本次清房的标准和要求达成共识,谁也不会再像以前那样对范某某这样的人随便承诺表态,所以他只能得到一个又一个的否定答复。很可能是由于越来越慌乱的缘故,到后来,范某某拿话筒的那只手,竟然开始不由自主地抖动起来。稍事稳定情绪之后,范某某转而恶狠狠地开始威胁恐吓王明勇:"你敢告诉我你家住在哪里吗?我今晚就派人去问候你的家人!"王明勇深知,在范某某这样"混社会的人"的眼里,其口中所谓的"问候",就是明目张胆的威胁与恫吓,说白了就是一种下三滥的说法。

对此,王明勇不为所动,面不改色心不跳地坐在范某某的对面,气定神闲地望着他,看他如何继续泼皮无赖。如此四目相对几分钟之后,见王明勇竟然不受恫吓威胁,范某某转而口气一变，换以弱者的姿态，说："你，你，你别穿着军装欺负人！"

闻听此言，王明勇微微一笑，把军装外套一脱，从容不迫地将其搭在胳膊上，只留下打着领带的白色衬衣在身，看起来和地方人员的着装并无二致。然后，他一本正经地，也是一字一顿地对范某某说："我脱了军装和你说话。"

见王明勇这样一副油盐不进的模样，范某某很可能会想：我还想和这穷当兵的撒泼耍流氓呢，没想到竟然碰到硬茬儿了！恼羞成怒之际，范某某气得浑身发抖，猛然间恶狠狠地"啪"地一拍桌子，气急败坏地对王明勇吼道："我，我，我让你今年转业！"

见范某某如此失态，平时斯斯文文的王明勇竟也猛地站起，同样使劲地"啪"地一拍桌子，直视着范某某的眼睛，说话掷地有声，一字一顿："你吹牛！"

说完之后，王明勇连招呼都没和他打一个，任凭范某某被施了定身法似地站在那里目瞪口呆，拉着宁助理扬长而去。

"水兵律师"王明勇

至此,范某某都不知道王明勇的真实身份,也不知道他是学院聘请来做法律顾问的舰队法律服务中心主任,更不知道他不仅业务优秀而且敢做敢当,加之工作职位不受军校节制,因此即便范某某真的在该军校手眼通天,也不可能说让王明勇转业就能让他转业。当然,王明勇这针锋相对的使劲"啪"地一拍桌子,也是其不畏强权和"艺高人胆大"的又一直接表现。

让所有人感到意外的是,原本已被学院列为头号难缠对象,并准备在房地产回收上与其打持久战的范某某,竟在王明勇针锋相对地猛地一拍桌子的第二天,自觉地、悄悄地,将其所承租的全部房地产腾退清空,然后主动与学院办理了交接手续。当然,范某某腾退交还的这宗房地产,也成了学院所有九块拟回收房地产中依法回收的第一块,以范某某的身份地位和在"拒不交房共同体"中的实际影响,其象征意义和示范效应不言而喻。

这个案例说明,和高手磋商谈判,不仅需要高超的谈话技巧、较强的察言观色能力、深厚的法律功底,还应具备驾驭、掌控谈判全局的水平,以及一定的担当精神,否则很可能就会忙中添乱，激化矛盾，甚至不但达不到既定目的，反而有可能授人以柄。

4. 通过对看似风马牛不相及的《生活小区管理合同书》的巧妙解读，迫使开发商主动认输案

2005年10月下旬，王明勇接受忘年交刘大爷的邀请，赶赴威海帮助处理一起由供热设施"碰头费"引起的纠纷。本案纠纷其实并不复杂，但是因为当事人"在哪儿都找不到证据"，致使案件处置过程一波三折，但没想到结果却是出人意料得好，以至于六百多户居民自发地跑到市政府门前广场上大放鞭炮！

回忆办案过程的跌宕起伏，王明勇说本案既像看了一部惊险刺激的悬疑小说，又像坐了一次过山车，更像看了一场中国足球！

原来，刘大爷所住的那个小区系旧村改造而来，1992年开发商向居民交房时，不仅按当地风俗习惯帮每家每户都盘好了一铺火炕，还为居民安装了暖气片等集中供热设备，并在小区内建好了锅炉房、换热站等集中供热配套设施。只是

"水兵律师"王明勇

由于大多数的老辈居民习惯于睡火炕,一直没有实行集中供热。后来,喜欢干净和便利的年轻人纷纷给市长信箱写信,要求尽快解决该旧村改造小区的集中供热问题。本案纠纷即由集中供热所需缴纳的"碰头费"引起①。

刘大爷所住小区虽然至今未能实行集中供暖,但相应设施和设备却早在房屋交付之时就已有效连接,并不存在重新"碰头"问题。现在准备集中供热,只须对原有供热设备进行整体检修即可。经市政府批准,刘大爷所在小区的"碰头费"标准,和其他小区一样,也是每平方米建筑面积 30 元。由于供热公司要照章收费,这笔费用自然而然地就落在了小区居民或者开发商头上。问题是,因为集中供热而产生的这笔"碰头费"该由谁承担呢?开发商认为,其所承建住房早已卖给居民,所以这些费用就应该由刘大爷这样的小区居民承担。而刘大爷等人认为,这些房子当初之所以卖得比相邻小区贵一些,就是因为开发商在卖房时郑重承诺小区能够实行集中供热。此外,在交房时开发商不仅在小区建好了锅炉房等集中供热所需设施、设备,而且这些设备已与居民家中的供热

---

① 所谓暖气"碰头",就是把居民家中的供热设备与小区配套的集中供热设施连为一体,形成一个水路循环系统,由此产生的费用,就叫"碰头费"。

设施有效连接,不存在"碰头"问题,所以现在供热公司要求缴纳的"碰头费"如果必须交纳,也应该由当初作出供热承诺的开发商承担。不难看出,本案真正纠纷,并非"碰头费"是否应该缴纳的问题,也非缴纳多少的问题,而是应该由谁缴纳的问题。

对于新购商品房而言,类似的"碰头费"由购房者承担几乎已经是约定俗成的事情,很少听到有人为此提出异议。实践中,在对尚未实行集中供热的老城区楼房进行供热配套改造时,相应费用一般也由住户买单,对此也几乎没人提出异议。事实上,即便刘大爷所住小区那些主张尽快实行集中供热的年轻人,也大都认同"碰头费"由住户承担这个观点。而且在王明勇律师接手案件之前,他们中的相当多数人已经按照 30 元 / 平方米的标准实际缴费。然而,刘大爷等小区老住户却不这样看,他们认为"这部分钱无论如何都应该由开发商承担"。

刘大爷等既有觉悟又关心公益事业的"好事者",不仅不认同开发商主张的所有"碰头费"都由住户承担的说法,反而经常自发地聚在一起研究问题、商讨对策,然后挨门逐户地说明情况,组织居民去找开发商"说理",要求其分担"碰头费"。没想到开发商态度非常"诚恳",对于刘大爷等一干上访者的答复既简单又艺术:"你们别在这里浪费唾沫星子了,赶紧回家去找合同吧。现在是法治社会,一切都要依法办事。如果合同对此有约定,即便让我们开发商全额承担我们也认账,保证绝无二话!当然,你们也可以直接去法院打官司,法院怎么判我们就怎么执行,请大家放心,我们连一分钱都不会抵赖!"

不言而喻,开发商所谓"有合同就按合同办事"的言外之意,就是"如果合同上没写,就别来找麻烦!"当然,开发商所指合同的确切含义,是指房屋买卖合同中必须写明"碰头费由开发商承担"条款。不难看出,解决合同在哪儿的问题,就成了解决本案纠纷的当务之急。然而,合同在哪儿呢?

20世纪90年代初,刘大爷所住的小区在旧村改造时,就连政府机关的法治意识都是非常淡薄的,更何况刘大爷这样的小小的城中村居民了。当时人们关心最多的,恐怕只是新房的结构如何、面积多大和何时交房。他们对于合同中的权利义务如何约定,似乎并不关心。至于将来是否会发生本案这种"碰头费"纠纷，普通居民既不可能提前预见，也不可能未雨绸缪地要求把它写入合同条款。果不其然，这些上访居民回家找出当年的购房合同一看，不禁面面相觑，全部傻了眼：购房合同中，根本没有约定"碰头费由开发商承担"等类似条款！

至此，刘大爷他们总算彻底明白了，怪不得开发商这回面对他们的"上访闹事"竟然如此客气呢！原来他们之所以如此慷慨大方地表态，就是因为他们比谁都清楚合同中根本就没有约定"碰头费由开发商承担"的条款。一想到开发商那老虎挂念珠的假慈悲模样，刘大爷他们就气不打一处来，在几乎不约而同地破口大骂"奸商"的同时，一起下决心："我就不信这个邪，一定要想办法讨还公道！"

当然，通过找开发商"上诉说理"，刘大爷他们也明白了另外一个道理，那就是开发商之所以如此硬气，是因为他们仰仗有律师撑腰。于是，在刘大爷"举贤不避亲"的大力推荐之下，王明勇很快成为小区600多户居民的代理律师。

其间，有些居民见实在找不到有用的证据，就建议刘大

"水兵律师"王明勇

爷顺着开发商的思路去法院打官司。对此,王明勇律师一针见血地指出:"如果打官司,则正中开发商的下怀。因此,如果能够通过谈判解决问题,就千万不去迎合开发商打官司"。其中的原因,主要有以下几方面。

第一,打官司比谈判更需要证据,且需要确凿无疑的证据。打官司就是打证据,没有证据就很难打赢官司。

第二,开发商肯定不怕打官司,他们财力雄厚,也有的是时间。

第三,打官司必然耗费时日,而小区居民恰恰拖不起时间,日久必然生变。事实上,随着寒冷冬天的日益临近,自觉不自觉地按照30元/平方米的标准前去缴费的人已经越来越多。毫无疑问,居民一旦产生"从众心理",后果不堪设想。

第四,开发商虽然嘴上说得好听,可一旦输了官司,他们必定翻脸不认人。一审如果败诉,他们必然会想方设法拖延到二审。二审败诉,必然千方百计地抗拒执行,自古以来商人都是"重利轻别离"。

四、经典案例

后来，王明勇见刘大爷他们一个个地即便把家里都翻了个底儿朝天，也没有找到"碰头费由开发商承担"的相应证据，就本着"穷尽证据"的执业原则，耐心细致地启发诱导刘大爷他们冷静下来回去再找，并告诫他们："只要是带字的东西，只要与该房屋多少沾那么一点儿边，都要统统地找出来！"

功夫不负有心人。正当大家为搜集证据而绞尽脑汁且一筹莫展之际，刘大爷漫不经心的一句话突然引起了王明勇的注意："我家里有一份开发商在交房时与我签订的《生活小区管理合同书》，不知是否有用？"闻听此言，王明勇以其惯常的职业语气说："你只管拿来，是否有用自有律师把关"。事实上，如果仅从字面意思理解，还真的看不出这份《生活小区管理合同书》与本案"碰头费"之间能有什么关联，甚至可以说简直风马牛不相及。

首先，这是一份"生活小区管理合同"，其实质就是物业管理合同。

其次，合同中根本就没提"碰头费"三字，所以一直未能引起任何人的重视。

"水兵律师"王明勇

最后,在刘大爷他们去找开发商"上诉说理"时,开发商及其律师就曾对此嗤之以鼻,说他们早已研究过这份《生活小区管理合同书》了,并让刘大爷等小区居民"回去找那真正有用的合同"。事实上,就连刘大爷他们再三研究之后,也觉得"据此要求开发商承担责任肯定不行",所以就没再把它当成证据。

没想到王明勇律师认真仔细地研读过这份《生活小区管理合同书》之后,突然对其中的一句话产生了浓厚兴趣,并产生了一定要对此"说文解字"的强烈欲望。其实,这句话再平常不过,而且看不出与本案"碰头费"如何承担有何关联。

在市政府组织区政府、供热公司,以及开发商和小区居民代表共同参加的协调会上,王明勇律师通过对这句话的巧妙解读,居然迫使开发商不得不低头认输,并自愿承担总数30元/平方米"碰头费"中的25元,小区居民每平方米只需承担5元即可。

无巧不成书。在和刘大爷他们打车前往市政府上访的路上,当出租车司机听刘大爷他们愤愤不平地诉说完相关情况后，曾经不无得意地对刘大爷说："我们小区由于居民情况比较特殊，所以每平方米能够少交5元，居民每平方米只需要交25元，能省一元是一元啊！"

闻听此言，刘大爷曾心生羡慕地对王明勇律师说："如果我们也能够照此标准缴费，就是很大的胜利"。不难看出，在刘大爷他们的心目中，只要开发商有个态度，每平方米帮着承担5元就是可以完全接受的"公道说法"，他们就心满意足了。不言而喻，通过对《生活小区管理合同书》中的一句并不起眼的话的巧妙解读之后，居民每平方米只须承担区5元的最终谈判结果，对刘大爷等小区居民而言，无疑是天大的胜利，难怪这600多户小区居民会在不年不节的时候，自发地云集市政府门前广场，大放烟花爆竹以示庆贺呢。

人身损害赔偿类

1. 被打成轻伤，但是却按照被打死的标准实际获赔的人身损害赔偿纠纷案

某部干部张波（化名）之父张某某，退休前曾经在某革

"水兵律师"王明勇

命老区鲁县（化名）的一个小山村担任党支部书记长达30年。其间，张某某累积为村集体垫付上级征收的"三提五统款"共计5万元。由于该村经济基础十分薄弱，直到张某某光荣退休，该款也未能偿还。

2006年年底，在新任村支书的提议下，村委会决定请张某某以其儿子张波买房急需用钱为名，向银行申请贷款5万元抵顶该项欠款，贷款本息由村集体负责偿还。张某某见除此之外别无他法，只得照做。然而，直至张某某被刑事拘留，该款本息都未能依约偿还。2009年7月24日上午，张某某突然被鲁县公安局经侦大队以涉嫌贷款诈骗犯罪为由带至派出所，让他先交一万元，然后再写出具体还款计划，否则就要抓人。

尽管张某某反复说明贷款原因、贷款用途，以及本息应该由村委会负责偿还等相关事实，并提出可以带他们去找村领导核实情况，但办案人员不听辩解，将其强行关进鲁县公安局看守所。

要知道，在担任村支书的那30年里，张某某是全乡乃至全县名闻遐迩的模范党员,德高望重。而他所习以为常的也都是批评人、教育人、帮助人和改造人,就连做梦他都不会想到有一天自己竟会被关进看守所,落到如此境地!对曾经的模范党员张某某而言,平白无故被冤枉进看守所已是奇耻大辱,又被戴上了只有重刑犯才戴的手铐脚镣,其心理落差可想而知,郁闷悲愤之情油然而生。

在被取保候审的那一天,张某某在鲁县人民医院体检时发现自己竟被同室关押的犯罪嫌疑人残忍地打断了两根肋骨,法医鉴定构成轻伤,九级伤残。医院检查同时发现,张某某此时已经"癌症并发症晚期",张某某遂接受住院治疗,并很快病入膏肓。看到原本健壮乐观的父亲竟被折磨成这么一副气息奄奄的模样,张波及其家人非常气愤,非常激动,除了向鲁县公安机关提出巨额赔偿请求外,还表示,不管上访到省里还是告状到中央,一定要为张某某无辜被打讨个公道!

然而,鲁县公安机关却表示对此无能为力,赔偿问题也将无从谈起。无奈之下,张波向部队领导反映情况并寻求法律帮助。尽管部队领导对此案高度重视,并多次发函或直接

"水兵律师"王明勇

派人前往鲁县乃至省政府有关部门反映情况，可惜收效不大。在这种情况下，他们转而向舰队法律服务中心的王明勇律师寻求帮助。

王明勇与同事接受委托赶到鲁县时，正值2010年的阴历正月十三。此时，张某某已经连续十几天水米未进，全靠输液维系生命，处于弥留之际。而其此时的法律身份，竟然还是"取保候审犯罪嫌疑人"。不难想象，对于一名曾经当过30年村支书的模范党员来说，该"取保候审犯罪嫌疑人"身份就成了他生命弥留之际的最大心结。此情此景，不免让人见之落泪、闻之唏嘘、思之惊心！

其实，早在赶来鲁县之前，王明勇已就本案纠纷商请鲁县武装部的田部长帮忙协调该县县委政法委的领导出面帮助解决问题。事实上，把事情想到前面，把工作做到前面，把困难摆到前面，就是王明勇一贯提倡的"工作提前"原则。正因为把工作做到了前面，所以当王明勇跟同事不顾鞍马劳顿驱车几百里赶到鲁县时，该县县委政法委李副书记、反贪局徐局长、公安局纪检组李书记、法院民四庭苗庭长以及张某某所在乡党委的杨书记等人，早已等待在武装部的会议室里，准备一起研究解决这一涉军维权棘手问题。

之所以说问题棘手，是因为光是赔偿义务主体的选择确定，就非常值得玩味，看似简单平常，实则非常值得研究，稍有不慎就会导致满盘皆输。具体而言，如果选择公安机关作被告，在理论上虽然可行，但事实上并无胜算可能。因为一旦被告，公安机关就将不会再对张某某的赔偿问题予以积极配合，别的不说，仅就取证能力而言，张某某这样的平头百姓跟公安机关就不在同一个量级上。如果选择与张某某同室被关押的犯罪嫌疑人当被告也不合适。因为但凡作奸犯科之人，即便"进去"之前颇为富有，一旦涉及可能的赔偿责任，往往也会想方设法地将名下财产转移殆尽。不言而喻，如果直接选择将实施殴打行为的在押犯罪嫌疑人作为被告，结果可能更不乐观。因为同监室在押那么多人，你知道哪个是打人者？你又知道打人者中哪个具备实际赔偿能力？

事实上，早在王明勇律师接手案件之前，张某某的家人已经向省人大、省委政法委等部门写信，控告鲁县公安机关办案人员滥用职权，并要求责成鲁县公安机关提供参与殴打张某某的犯罪嫌疑人具体姓名、家庭住址等详细信息。研究发现，如此全面撒网看似天衣无缝，实则不可能会有实质进展，尤其是对张某某这样的平头百姓而言，要想提供公安民警滥用职权的证据，简直无异于徒步上青天。

正是因为充分考虑到了案情的疑难复杂和赔偿义务主体确定的高度敏感，同时也充分考虑到了看守所监管不力与实施殴打行为者具有混合过错等实际情况，王明勇才不赞同此前这种全面撒网的做法，建议借鉴"模糊数学"的概念对赔偿义务主体的确定实行"模糊处理"。具体而言，就是从实际出发，实事求是，不过分拘泥于细枝末节，不要求"分清是非、追究责任、找出真凶"，只要求"撤销案件，实际赔偿，恢复名誉"。尤其是对于原本是闻名遐迩的模范党员，但却被无端冤枉成"犯罪嫌疑人"的正处于生命弥留之际的张某某而言，恐怕没有什么能比在有生之年看到恢复名誉更为重要的事情了。

事实证明，如果案件达此目的即告结束，恐怕就不是王明勇的办案风格了。因此，在就撤销案件和恢复名誉问题达成一致后，王明勇马上就具体赔偿问题，跟以鲁县法院苗庭长为代表的法律专家和以鲁县公安局纪检组李书记为代表的被告当事人一方"讨价还价",当发现苗庭长他们坚持按照《最高人民法院关于审理人身损害赔偿案件适用法律若干问题的解释》规定的项目和标准,并根据张某某的农村户口性质等计算残疾赔偿金等相关费用时,王明勇灵机一动果断建议休会半小时,并建议大家一起到医院看望一下躺在病床上已经病入膏肓奄奄一息的张某某。

从医院回来继续开会时,王明勇首先提出"事出有因、其情可悯、将心比心、法外开恩"等解决本案赔偿纠纷的四个基本观点,并希望大家设身处地换位思考一下,说:"当除夕之夜我们阖家团圆其乐融融的时候,张某某的一家老小却是挤在冷清凄凉的病房里欲哭无泪,而当两天后的正月十五晚上(谈判那天是正月十三)我们赏灯欢笑大闹元宵的时候,张某某是否仍在人世都未可知了。在这种情况下,我们为什么不能法外开恩呢,毕竟本案的确事出有因啊"。没想到这张感情牌一打,竟引起了在座诸位的情感大共鸣,并很快就赔偿问题达成一致,而且最终的赔补偿结果也远远超乎一般人的想象之外:张某某在鲁县公安局看守所关押期间本被打成轻伤,而最终的赔补偿结果却是按照被打死的标准"笼统而

"水兵律师"王明勇

模糊"地计算出来的!

同样值得一提的是,虽然赔补偿数额"高得如此离谱",但是案件结局却是皆大欢喜,不仅张某某及其家人非常满意,就连以鲁县公安机关为代表的当地政府部门也很满意,实现了社会效果与法律效果的有机统一。不言而喻,对王明勇律师而言,本案又是一个建立在思路创新基础上的重大突破。

2. 实际获得补偿要比无责死亡城镇居民高出许多的农民工横穿高速公路意外死亡案

2007年7月17日,晚21时30分许,王明勇突然接到舰队政治部值班室的电话通知:"你明早随舰出海计划取消,改飞广州处理一起发生在当地高速公路上的人身损害赔偿纠纷案。"

原来,舰队政治部干部朱某之兄在广州某高速公路服务公司打工期间,于7月15日在惠州市河源县境内施工午休时,违规横穿高速公路过程中被当场撞死。交警对闻讯赶去处理善后事宜的朱某说:"你哥违法横穿高速公路期间发生交通事故,而司机正常驾驶不存在任何过错,且其车辆各项指标均经检测合格，故你哥应负事故全部责任"。朱某闻听此言号啕大哭，在痛哭之余，急忙向舰政首长哭诉案情，并请求给予法律帮助。

在接受指令火速赶往广州的途中，王明勇不由得在心底犯起了嘀咕："在高速公路上撞了白撞"的说法，目前似乎正在形成观点性意见，本案交警又明确无误地告诉朱某"你哥应负事故全部责任"，而死者不仅未与当地高速公路服务公司签订劳动合同，未办暂住证，而且在广东打工时间未满一年，加之孩子不小（最小的也已年满16周岁）、父母太老（均已超过只能计算5年被抚养人生活费的法定起点75周岁），被抚养人的生活费无论怎么计算都不可能太多，此外死者又是和城镇居民同命不同价的来自偏远落后地区的农民工，在这种情况下，再大牌的律师前来恐怕也是"瞎子点灯白费蜡"。对此，王明勇甚至自我解嘲说："舰政首长之所以郑重其事地派我这非著名律师过来，对受害人家属而言恐怕安慰的成分居多，象征意义大于实际意义罢了。"

由于广州地区的人身损害赔偿标准与青岛相差不多，王明勇甚至不由自主地想到了近期刚刚处理完毕的两起发生在

"水兵律师"王明勇

青岛市区的交通事故意外死亡案件。一个是年初时候,一名青岛籍女工在下班途中被醉酒、无证驾车的李某意外撞死。交警认定女工不负任何事故责任,但肇事司机与其家人私了的结果,仅仅是一次性赔偿40万元。另外一个是就在本案事故发生的一个月前,两名部队士官在乘坐地方出租车外出期间发生交通事故,违章驾驶的出租车司机与该两名士官兄弟同年同月同日同时亡,士官同样不负事故责任,且依法应按青岛当地的城镇居民标准计算死亡赔偿金,结果老士官由于生前工资高而获赔36万元,而新士官工资标准低只能获赔32万。可见,在本案事故发生的2007年,即便死者不负任何事故责任,且按城镇居民标准计算人身损害赔偿各项费用,家属能够获赔40万元就算相当不少了。照此标准来看,由于本案死者"应负事故全责",又系跟城镇居民同命不同价的来自偏远落后地区的农民工,因此,最终能帮死者家属拿回4万~5万元即可圆满交差。想到这里,王明勇甚至无可奈何地轻轻摇了摇头。

然而,对王明勇这样高素质的职业律师而言,往往是想归想,做归做,不管主观感觉如何,一旦面对案件现实,所有的胡思乱想立刻都会被强烈的责任感、事业心所代替。骨子深处那种争强好胜的军人天性，立刻会让他自我调整到最佳的工作状态，从而像伟大领袖毛主席提出的那样："下定决心，不怕牺牲，排除万难，去争取胜利。"

具体到本案，尽管早晨五点半就从青岛家里出发，但赶到案发现场附近的那个南方小镇时，已是当天夜里十点多。但王明勇不顾车船劳顿，把常年不离身的双肩包一放，就立刻找朱某生前的工友了解情况，并当场制作《证人证言》与《情况说明》十余份。第二天一大早，他全然不顾一辆接一辆的汽车从身旁风驰电掣一般飞速驶过可能造成的危险，找人带路前往事发高速公路实地察看。之后，他又马不停蹄地赶到高速公路交警大队查阅案卷。王明勇二十多年军旅生涯养成的习惯，就是看似行色匆匆，但却紧张有序、忙而不乱。在任何情况下都能保持冷静理性，似乎已经成为他的职业个性。

由于朱某当场被撞身亡，且事发地点在高速公路上，案情与场景都不复杂，所以案卷材料极其简单，一共也没有几页纸。交警对肇事司机制作的《询问笔录》的内容也不多，而且几乎看不出任何破绽。比如，交警问："你当时的车速多

"水兵律师"王明勇

少?"肇事司机答:"时速80公里左右"。如此回答,一看就是老司机,因为《中华人民共和国道路交通安全法》及其实施条例明确规定:高速公路的最低时速为60公里,最高时速不超过120公里,回答"80公里左右"等于明白无误地告诉交警:"我根本就没有违章超速。"

调查取证到这一地步,综合王明勇得到的本案全部信息,也看不出交警所谓的"死者应负全责"有什么不对的地方。而如果就此打住,本案显而易见的结果,必然就如在来广州路上的所思所想——能帮死者家属拿回4万~5万元就是最大的理想!然而,王明勇就是王明勇,其所秉承的为人处事最大信条,就是"做人,应于有疑处不疑;做事,必须于不疑处有疑"。

秉承"于不疑处有疑"的学术原则,以及不轻易放弃和不轻言失败的倔强个性,让王明勇面对这个看似无懈可击的"80公里左右"动起了脑筋,开始运用逆向思维反复琢磨:"难道这个时速八十公里在这里就一定不是违章超速吗?"

没想到这个问题一经提出,反过头来再次综合看卷过程中，居然还真的就让王明勇看出了破绽，找到了案件突破点。具体而言，是王明勇看到了案发现场照片上那些一般人不会特别在意的反光锥。在高速公路上，以反光锥标示的区域，往往就是施工作业区或者事故发生地，而施工作业区往往同时就是临时规定的限速区，一般规定最高时速不得超过60公里。该事故发生地有成片反光锥摆放的事实起码说明以下两点。

第一，肇事司机自称的"时速八十公里左右"在事故发生区域已经超速，超速行车即为违章驾车，这与交警此前认定的事实正好相反。

第二，既然案发现场限速60公里，而道交法规定的高速公路的最低时速标准则是不能低于60公里。换句话说，案发路段在事故发生的当时，并非法律意义上的高速公路，那么在判断本案交通事故的责任划分时，就不能简单套用高速公路标准。在这种情况下即便司机没有违章驾车，死者也不会是"必然的全责"。

发现以上问题后，王明勇立刻去找办案交警据理力争，并成功说服其改变"死者全责"的道路交通事故初步认定意见，认定死者朱某与肇事司机应该各负50%的事故责任。在此基础上，王明勇又代表死者家属去和肇事司机斗智斗勇，使其最终同意按照"死者无责"的标准，并借用"模糊数学"的概念，从而巧妙地规避了农民工与城镇居民同命不同价的问题，答应一次性赔偿死者家属综合损失32万元。该横穿高速公路意外死亡的农民工获赔数额，不仅大大出乎死者家属的意料之外，而且几乎能让所有的人都为之称赞。

至此，王明勇不论从哪方面说，都已经可以圆满交差了，但倔强不服输的军人天性让其还想最后一搏，即再去找死者生前打工的高速公路管理公司"讨个说法"。本案事故发生时正值公司午休时间，死者之所以冒险横穿高速公路，就是想穿越护栏到附近的小卖部去买点东西，此举与其所从事的高速公路维护管理工作风马牛不相及。在这种情况下，仅从法律意义上讲，公司无须对死者朱某承担任何责任。但是从人性关怀的角度出发，从公司合同管理存在纰漏的角度看，向他们适当争取一些补偿款倒也未尝不可。仰仗扎实的法律专业功底，凭借娴熟的谈判技巧，经过一夜点灯熬油的艰苦谈判,王明勇最终代表死者家属与该公司达成补偿协议,除公司已经垫付的丧葬费与死者家属交通食宿费等共计5万余元外,公司另外再给死者家属一次性补助15.3万元!

加上前述肇事司机赔偿的32万元,王明勇一共帮助该横穿高速公路意外死亡的,交警初步认定其"应负事故全责"的农民工家属实际拿回各项赔偿款总计47.3万元。该数额,已经远远超过了那名被无辜撞死的,不负任何事故责任的青岛女工家属通过私了获赔的40万元。从这个看似没有任何希望的案件的最终出人意料结果看,在律师办案过程中,确实是思路决定出路。

(三)商事仲裁篇

1. 在人民法院已就同一纠纷事实立案审理的情况下,首席裁决中铁某局诉湖南某公司隧道工程分包合同纠纷案

2014年7月,西安仲裁委受理了一个比较特殊的仲裁案件,具体而言,是在看似违背"或裁或诉,两选其一"大原

"水兵律师"王明勇

则的情况下,受理了中铁某局诉湖南某公司隧道工程分包合同纠纷案。简要案情如下。

2011年6月18日,中铁某局与湖南某公司签订《隧道工程劳务分包合同》,约定将其总包的位于湖南省怀化市境内的某隧道工程交由湖南某公司进行劳务施工,并对劳务工程款的计量、结算、支付、保留金扣留,以及湖南某公司领用中铁某局施工材料的相应款项计量及结算及材料超耗扣款、用电扣款、湖南某公司因自身原因造成的工程扣款(含违反安全施工规定予以罚款)和违约责任承担等进行了明确约定。然而合同签订后,湖南某公司并未按照约定妥善履行合同义务,致使工程半途而废,后经协商,湖南某公司负责现场施工的谢某、李某某,于2013年2月5日代表湖南某公司与中铁某局签订《退场协议书》(只有谢某签字,并未加盖湖南某公司公章),之后,湖南某公司的机械、人员均撤离现场。约定工程的剩余工作量,在湖南某公司退场之后,由中铁某局另行委托他人代为完成。

湖南某公司中途退场后,因内部劳资分配问题发生争议,谢某、李某某将湖南某公司起诉至湖南省怀化市中级人民法院，要求被告湖南某公司支付相应的工程结算款项，并将中铁某局列为诉讼第三人。在这种情况下，中铁某局清醒地认识到湖南某公司一旦败诉，作为工程总包方的中铁某局基于其与湖南某公司之间的总包分包关系，必将根据《最高人民法院关于审理建设工程施工合同纠纷案件适用法律问题的解释》等相关规定，依法对谢某、李某某等人承担相应的法律责任。如果湖南某公司缺乏或者丧失赔偿能力，中铁某局的赔偿负担必将更重。收到怀化中院送达的开庭传票与提交答辩状通知后，中铁某局认为怀化中院对该案没有管辖权，于是在法定答辩期限内向怀化中院提出管辖权异议申请，但该申请很快就被怀化中院裁定驳回。中铁某局不服该驳回管辖权异议申请裁定，依法向湖南省高级人民法院提出上诉，湖南省高院经依法审理，终审裁定"驳回上诉，由怀化市中级人民法院立案审理"。

收到该终审裁定后，中铁某局在第一时间内根据其与湖南某公司劳务分包合同中约定的仲裁条款，就该劳务分包合同纠纷向西安仲裁委员会申请仲裁，称湖南某公司仅完成总价608.27万元的工程量，但却由于其自身的原因而产生应扣款项 613.70 万元（其中包括：5% 保留金 30.41 万元、领用材料款 100.02 万元、材料超耗款 402.96 万元、电费扣款 77.11 万元、安全质量罚款 3.2 万元），加上其所实际支付的工程款 456.40 万元，综合抵扣之后发现中铁某局实际超付工程款 461.83 万元。因此，要求裁决湖南某公司向其返还超付工程款 461.83 万元，向其支付履约保证金 20 万元及其相应利息 4.26 万元，向其承担违约金 35.83 万元，扣留结算价款总额 5% 的预留保证金 30.41 万元，以上费用合计人民币 552.33 万元。

接到仲裁庭送达的《仲裁申请书》《仲裁答辩通知书》《仲裁规则》《仲裁员名册》和《仲裁庭组成约定书》等相关法律文书后，湖南某公司除对西安仲裁委提出管辖权异议外，提出如下答辩意见：

一是申请人中铁某局虽与被申请人湖南某公司在《隧道工程劳务分包合同》中约定了解决争议的仲裁方式，但却并未约定具体的仲裁机构，在这种情况下，应当根据仲裁法第十八条"仲裁协议对仲裁事项或者仲裁委员会没有约定或者约定不明确的，当事人可以补充协议；达不成补充协议的，仲裁协议无效"规定，认定合同中的仲裁条款无效，相应地，西安仲裁委对本案没有管辖权。

二是被申请人湖南某公司虽与申请人在2011年6月18日签订《隧道工程劳务分包合同》，但自己并未实际施工，具体是由自然人谢某、李某某挂靠被申请人公司，以被申请人的名义施工，因此被申请人与申请人中铁某局之间并不存在事实上的权利义务关系，相应地，被申请人湖南某公司就不是本案的适格被申请人，故请求追加谢某、李某某为本案仲裁第三人。

三是早在申请人中铁某局提起本案仲裁之前，谢某、李某某即已就涉案工程款支付纠纷，在怀化中院对被申请人湖南某公司提起诉讼，中铁某局作为该案第三人应诉答辩，并提出管辖权异议，但其管辖权异议申请日前已被湖南省高院终审裁定驳回。在此情况下，西安仲裁委受理本案即违反"或裁或诉，两选其一"的司法原则，所以应当依法裁决驳回中铁某局的仲裁申请。

不难看出，湖南某公司三条答辩意见条条针对西安仲裁委的案件受理与审判程序，而且被申请人湖南某公司提出的

"水兵律师"王明勇

要求追加仲裁第三人等相关问题，还是司法实践中争议较大的理论性、前沿性问题，因此，本案仲裁纠纷能否受理以及收案后如何处理等相关问题不但敏感而且复杂，处理不好就将面临仲裁庭所作裁决被西安市中级人民法院（此类案件依法应由仲裁委员会所在地中院管辖）裁定撤销或不予执行的后果，这无疑是对仲裁员执业能力和理论功底的严峻考验。

由于双方当事人未能就首席仲裁员的选任达成一致意见，出于对王明勇职业素养、工作能力和敬业精神的充分肯定与高度信任，西安仲裁委的潘主任就根据《西安仲裁委员会仲裁规则》的规定，指定王明勇律师担任本案的首席仲裁员，与其他两名仲裁员组成仲裁庭共同审理本案。在认真审阅双方提交的仲裁申请书、仲裁异议书、仲裁答辩书及相关证据材料后，仲裁庭于2014年9月25日进行了第一次不公开开庭审理（与法院审判"公开为原则，不公开为例外"相反，仲裁庭以不公开审理为原则，更有利于保护当事人隐私或商业秘密）。

基于对案件疑难复杂情况和可能风险的准确了解与充分把握，王明勇律师跟仲裁庭其他两名仲裁员和办案秘书分析判断说:"本案的程序性问题要远比实体问题更为复杂重要,这个基础性的程序性问题一旦解决,实体问题也就迎刃而解。否则,必将因为基础不牢而地动山摇!"鉴于此等情况,仲裁庭竟然对一般而言"都是走走过场的程序性问题",破天荒地进行了长达两个半小时之久的开庭审理,并根据庭审查明的事实和证据,依法裁决:驳回被申请人湖南某公司的管辖权异议申请和追加第三人申请。王明勇律师解释说,本案之所以如此看重程序性问题,主要原因如下:

一是与涉案工程款支付有关的怀化中院受理的那个谢某、李某某诉被申请人湖南某公司纠纷案,湖南省高院已经终审裁定驳回申请人中铁某局的管辖权异议申请上诉,此案正在怀化中院审理之中。在这种情况下,西安仲裁委再就同一纠纷事实受理本案,很容易被误认为违反"或裁或诉,两选其一"的大原则。因此,对于湖南某公司提出的仲裁管辖权异议申请,如果不通过扎实而有效的程序审理得到彻底解决,很可能就会像湖南某公司的代理人一再声称的那样:"拿到裁决书的当天,我们就去西安中院提起诉讼要求撤销仲裁裁决,省得再跑第二趟西安!"

二是无论有无独立请求权，也无论是由原告起诉列明第三人，还是由被告在诉讼过程中申请追加第三人，诉讼第三人的身份地位及其参与诉讼的程序性问题在《中华人民共和国民事诉讼法》中都有明确规定，但像本案这种由被申请人在仲裁程序中申请追加第三人的情况，无论仲裁理论研究还是实践操作，都存在很大争议。对于如此敏感的案件和如此复杂的问题，不能不如履薄冰小心谨慎。当然，任何一名珍惜荣誉如同鸟儿爱护羽毛一般的优秀仲裁员都会如此认真负责，因为勤勉敬业和认真负责也是仲裁员之所以受人尊重的必然要求。

三是可以未雨绸缪地将矛盾提前。基于上述疑难复杂情况和可能风险，尤其是考虑到湖南某公司有可能认为中铁某局机关所在地跟西安仲裁委的驻地一样，也在西安，并由此认为西安仲裁委可能不会公平公正办案，从而产生的不信任感和抵触情绪，仲裁庭认为如果不能依法妥善解决被申请人湖南某公司提出的管辖权异议申请和追加第三人请求等程序性问题，即便费力劳神对本案作出实体裁决，也很可能会被湖南某公司提起撤销本案仲裁裁决之诉。与其如此，还不如未雨绸缪地将矛盾提前，在仲裁开庭之初就通过扎实而有效的庭审工作将可能的矛盾予以提前化解，这样，即便湖南某公司将来真的提起撤销裁决之诉，受诉法院一看仲裁庭所查明的事实和认定的证据，立马就会明白其中就理，并将据此裁定不支持其撤销主张。

此外，还有可能通过仲裁开庭审理程序，让湖南某公司明白西安仲裁委审理本案不但依法有据，而且客观公正，从而打消其不必要的顾虑或想当然的猜测，配合仲裁庭妥善处理案件。

事实证明，凡事预则立。仲裁庭经过长达两个半小时的庭审之后作出的"驳回管辖权异议申请和追加第三人申请"决定送达之后，被申请人湖南某公司不但没有再对西安仲裁委的管辖权问题提出不同意见，反而按照仲裁庭约定的时间，准时到庭参加其后进行的多达七次庭审。事实上，在驳回管辖权异议申请决定送达后的再次开庭时，看到曾经再三"搅事儿"的湖南某公司代理律师准时出庭，王明勇不禁长松一口气，心想："既然你今天老老实实的坐在这里开庭，就说明湖南某公司对本委作出的驳回管辖权异议申请和追加第三人申请心服口服。接下来的实体审理过程与裁决结果只要不出什么大的意外，恐怕湖南某公司就不会再折腾什么撤销裁决之诉了吧。"

至于被申请人湖南某公司辩称的"本案仲裁机构约定不明"问题，仲裁庭经过审理，认为此系湖南某公司代理人概念理解错误或故意偷换概念所致。具体而言，双方虽未明确约定本案合同纠纷就由西安仲裁委员会立案管辖，但却白纸黑字地约定"任何一方只能向甲方机关所在地的仲裁委员会申请仲裁"。而本案中的甲方机关所在地即为中铁某局的机关住所地西安市，而且西安也只有这么一个仲裁委员会，根据《最高人民法院关于适用〈中华人民共和国仲裁法〉若干问题的解释》第六条规定"仲裁协议约定由某地的仲裁机构仲裁且该地仅有一个仲裁机构的，该仲裁机构视为约定的仲裁机构"，因此，西安仲裁委受理本案不存在任何法律障碍。

至于被申请人湖南某公司辩称的其与中铁某局不存在事实上的权利义务关系、湖南某公司不是本案的适格被申请人问题，庭审查明的事实也证明该主张与事实不符。仲裁庭经审理查明，虽然被申请人湖南某公司辩称谢某、李某某与其只是挂靠关系，仅仅是借用其名义实际施工，湖南某公司并未实际参与涉案工程的施工与结算，但事实并非如此。实际情况是，被申请人湖南某公司不仅与中铁某局依法签订《隧道工程劳务分包合同》，而且就涉案工程具体施工与结算等相关事宜，白纸黑字地向申请人中铁某局出具有关谢某、李某某及公司法定代表人刘某某的亲弟弟刘某等人的《授权委托书》，明示其代表公司负责实际施工，有权代表公司申领工程材料并办理结算。事实上，涉案工程款中的相当多数也由湖南某公司实际领取。由此不难认定，谢某、李某某和刘某等人的行为就是代表湖南某公司依法履行职务的行为，其行为后果依法应由被申请人湖南某公司承担，相应地，湖南某公司就是本案的适格被申请人。

至于湖南某公司申请追加谢某、李某某为本案仲裁第三人的问题，仲裁庭认为该请求明显缺乏事实和法律依据。因为仲裁是以当事人之间达成合意为前提的，要么是在合同订立之初就已明确约定仲裁条款，要么是在争议发生之后协商达成仲裁协议，可谓无合意即无仲裁。具体到本案，即便谢某、李某某跟被申请人湖南某公司就是挂靠关系，但是谢某、李

"水兵律师"王明勇

某某跟中铁某局之间并不存在仲裁合意，在这种情况下将其追加为第三人明显缺乏事实与法律依据。当然，实践操作中，仲裁庭可以向案外人发出仲裁邀请，但是被邀请人是否参加案件仲裁程序仍由其自己决定，仲裁庭无权强制他人参加仲裁。所以，湖南某公司该项主张依法不予支持。

在对实体问题进行审理时，湖南某公司对隧道工程是否存在超挖情况以及工程量计算和工程价款结算等均提出异议，并申请对工程款结算等相关问题进行司法鉴定。然而，在仲裁庭给其充分而自由的鉴定机构选择权，并在其与申请人中铁某局对某司法鉴定机构选择一致的情况下，为慎重起见，先后两次组织包括双方共同选定的鉴定机构在内的各方当事人召开鉴定协调会，而且一再向其释明不按规定缴费的法律后果之后，没想到曾经极力要求对涉案工程进行司法鉴定的湖南某公司，竟然拒绝缴纳依法应由其预付的鉴定费。虽经仲裁庭再次提示不按规定缴费的法律后果与可能风险，但其仍然拒绝缴费。因此，本案鉴定未能继续进行。相应地，湖南某公司的异议主张就会因为缺乏必要的证据支持而不能得到仲裁庭支持。

虽然本案已经进行过一般而言都是难得一见的多达八次庭审，相关事实与证据也均已查清，相关责任也已基本明确，仲裁庭也已本着"君子之争，和谐仲裁"的善意极力撮合，但申请人中铁某局与被申请人湖南某公司仍然表示无法调解。无奈之下，只好依法裁决。仲裁庭认为，提供证据证明自己的仲裁主张既是当事人的法定义务，也是案件审理的必然要求。既然申请人中铁某局已经针对其仲裁请求提交必要而充分的证据，证明双方劳务分包合同的真实有效，证明仲裁条款的现实存在，证明本会对本案立案管辖的合法正当，而且证明被申请人湖南某公司违约的事实、材料超耗的事实，以及证明被申请人因违反安全生产规定而被通知罚款的事实，证明相应电费应由被申请人承担的事实，证明工程款已经大部分支付的事实，同时也证明谢某代表湖南某公司签订《退场协议》后组织该公司人员、机械提前退场的事实，从而证明其仲裁请求依法有据应予支持。而被申请人湖南某公司不仅未能提供证据证明其管辖权异议主张成立事实，未能证明并不存在违约事实和罚款不应由其承担等相关事实，反而以拒绝缴纳鉴定费的方式阻碍仲裁庭帮助其调查取证，在这种情况下，裁决其承担举证不能的法律后果不仅依法有据，而

"水兵律师"王明勇

且理所当然。

基于以上情况，裁决支持申请人中铁某局的全部仲裁请求似乎理所应当。事实上，两位仲裁员对此也持完全相同意见。然而，当仲裁庭对是否支持申请人中铁某局的全部仲裁请求进行合议时，作为首席仲裁员的王明勇律师却提出了与两位仲裁员不同的意见，认为应予部分支持。按照法律规定，仲裁裁决应当按照多数仲裁员的意见作出，只有当不能形成多数一致意见时才能按照首席仲裁员的意见作出。尽管如此，对于两位仲裁员认识一致的支持申请人的全部请求意见，王明勇还是冷静而理性地表达了自己的不同观点，分析判断说："从当事双方举证质证过的现有证据以及庭审查明的事实看，被申请人湖南某公司虽然先后提出过很多异议，其对申请人的仲裁请求也多持反对意见，但却并未提供足够有效的反驳证据支持自己的抗辩主张，且又在申请司法鉴定后拒绝缴费导致鉴定无法进行，在这种情况下支持申请人中铁某局的全部仲裁请求并无不当。但是仔细推敲本案合同本意，并结合案件事实来看，全部支持申请人的仲裁请求似乎也不恰当，大家能否再仔细看看案卷，之后再对本案最终结果予以合议？"

对于自己的上述主张，王明勇同时提出以下三点看法：

一是合同约定的20万元履约保证金的相应利息4.26万元是否应予支持的问题。王明勇认为，对于申请人中铁某局的该项仲裁请求，应该按照公平对等原则不予支持为好，主要理由是《隧道工程劳务分包合同》约定"履约保证金待工程验收全部合格后，视乙方履约情况决定是否退付及退付的具体数额"，并以括弧特别注明"不计息"。照此约定，该20万元保证金即便已经依约缴纳，申请人中铁某局在予以退还时也只是退还相应的本金而已，并不计算利息。那么，在被申请人湖南某公司未能依约缴纳该项保证金构成违约的情况下，也应该按照公平原则不予计息。

二是合同约定的"非因甲方原因导致的退场罚款"35.83万元是否应予支持的问题。王明勇认为，当事双方之所以在合同中约定这一违约条款，目的就是为了防止乙方不打招呼擅自退场。但本案情况却是，被申请人湖南某公司虽然不能证明其在退场前已经征得申请人中铁某局的书面同意，但是从谢某以其名义跟中铁某局签订的《退场协议书》看，湖南某公司中途退场显然是双方协商一致的结果。在这种情况下再对湖南某公司予以退场罚款，既不符合合同本意，也明显有违公平。因此，对于中铁某局该 35.83 万元罚款请求应该不予支持。

三是结算价款 5% 的预留保证金 30.41 万元是否应予支持的问题。王明勇认为，虽然合同中明确约定甲方中铁某局有权扣除结算价款总额的 5% 作为预留保证金，但是从本案实际情况看，由于湖南某公司提前退场之后的后续工作另由他人实际完成，即便日后发现质量问题，也难以分清到底是谁的责任所致。因此，在双方达成合意提前退场的情况下，如果再照抄照搬合同条款扣除该项预留质量保证金，不但已经失去了合同约定的本来意义，而且缺乏现实可操作性，因而对于该项仲裁请求也不应支持。

再次看完案卷，并听过王明勇律师的以上分析判断之后再次合议时，没想到原本曾经一致认为应该全部支持中铁某局所有仲裁请求的那两位仲裁员，竟然异口同声地改口说道："完全同意首席仲裁员的分析判断，裁决就按首席仲裁员的意见办！"不言而喻，王明勇律师这一"公平公道"的意见建议，一下子就为被申请人湖南某公司减少可能损失高达 70.50 万元！

据后来了解，这个既实事求是又客观公正的实体裁量结果，居然真的让曾经一度对西安仲裁委能否保持公允持怀疑态度，生怕自己这个"外乡人"会被"欺生"的被申请人湖南某公司及其代理律师（也是湖南人，且在湖南当地执业）彻底打消了疑虑，从而改变了此前其对西安仲裁委的不切实际看法。因此，对被申请人湖南某公司及其代理律师而言，他们通过本案仲裁所实际收获的，恐怕还不仅仅是这笔高达70.50万元的意外之喜吧？对此，王明勇认真而真诚地说："君子之争、和谐仲裁，正是仲裁的魅力之所在。而积极进取、认真负责、公道正派和不偏不倚，也是仲裁员之所以能够赢得人们的理解尊重和信任依赖的根本原因之所在！"

2. 首席仲裁王某诉西安某航空产业发展有限公司工业厂房买卖合同纠纷案

2012年4月18日，申请人王某（合同乙方）与被申请人西安某航空产业发展有限公司（合同甲方，简称西安航空产业公司）签订《工业厂房转让协议》，约定甲方须于2012年12月31日之前完成厂房建设并通知乙方收房。若甲方未按约定期限交房，则每逾期一日向乙方支付已付购房款的0.5‰作为违约金，合同继续履行；乙方以分期付款的方式，支付购房余款。

仲裁庭审理查明，涉案厂房位于西安市某国家产业基地内，专为中小企业提供生产经营场所而开发建设。申请人王某不仅是该产业园项目的首位签约客户，也是其中唯一一个以自然人身份签约的购房者。在《工业厂房转让协议》中，双方约定，发生争议后，任何一方均有权向西安仲裁委员会申请仲裁。

2013年10月12日，王某在多次找被申请人协商解决问题未果后，向西安仲裁委提起仲裁，诉称其在协议签订后一直都在按月付款，不存在任何违约。而被申请人西安航空产业公司却未能按照约定时间交房，构成违约，请求裁决："（一）被申请人向申请人支付自2013年1月1日起，至2013年10月12日提起本案仲裁之日止的逾期交房违约金336376.10元；（二）合同继续履行；（三）从2013年10月13日开始，以继续逾期交房所产生的违约金，充抵申请人当期应付的厂房转让尾款；（四）仲裁费用由被申请人承担。"

被申请人西安航空产业合同答辩称,涉案厂房已于2012年12月22日按期竣工,且当时即已具备交房条件。此后不久,多家购房企业即在产业基地管委会申请立项、办理入园手续,目前早已实际生产;申请人王某之所以不能按时入园,是其自身原因所致,主要是因为申请人未能完成招商,从而不能按照产业基地的要求提供工商执照等以证明其符合入园条件,不能证明自己符合入园条件就不能向其交房,进而影响涉案厂房交付的责任恰恰在于申请人。因此,在这种情况下,应该裁决驳回申请人的仲裁请求。为证明自己的主张,被申请人向仲裁庭提交由其制作的《签约必读》,辩称申请人应该据此知道,只有在首先提交包含工商执照在内的资质文件以证明其符合入园条件,并取得产业基地管委会的入园许可之后,才能向其交房。

经西安仲裁委员会主任指定,由王明勇担任本案首席仲裁员,与其他两名仲裁员组成合议庭共同审理本案。经依法审理,仲裁庭查明了申请人王某与被申请人西安航空产业公司签订《工业厂房转让协议》的事实、截至本案开庭之日被申请人仍未交房的事实、申请人王某一直依约付款不存在违约的事实，以及双方均希望合同继续履行等相关事实。根据审理查明的事实，仲裁庭认为本案的根本分歧，就在于被申请人履行交房义务是否必须以申请人首先具备入园条件为前提。换句话说，本案纠纷是入园，还是交房？

在仲裁庭主持调解过程中，申请人王某说他之所以在被申请人违约之后长达10个多月才申请仲裁，就是怕他们交房之后为难自己，并说申请仲裁前他一直都在想方设法跟被申请人沟通，可他们自始至终都咬定最多只能补偿8万元，并说无论官司打到哪里，最终结果都不会超过10万元。

申请人王某还说，作为产业园项目中唯一的个人购房者，在被申请人交房之前，他根本不可能达到被申请人所说的入园条件，因为只有首先拿到约定的厂房，他才能对外出租招商，招商之后才能办理工商执照等相关手续，然后才能满足基地管委会要求的入园条件。因此，被申请人要求他首先满足入园条件，实质就是在为逃避应当承担的法律责任寻找借口。另外，王某还说，在被申请人逾期交房构成违约之前，他根本就不知道还有《签约必读》这回事。

四、经典案例

听完申请人王某的诉说之后,王明勇十分敏锐地意识到,确定本案纠纷究竟是入园还是交房的关键,就是要看《签约必读》是否能够成为《工业厂房转让协议》的有效附件。如果能,那就说明被申请人早在正式签约之前,就已让申请人认真仔细阅读过《签约必读》。在这种情况下,王某就应该按照《签约必读》规定的条件,预先提交工商执照等资质文件请基地管委会审查是否符合入园条件,然后才能要求被申请人向其交房。如果不能,则被申请人就该无条件地向申请人交房,否则即应承担相应违约责任。

仲裁庭认为,既然被申请人主张《签约必读》是《工业厂房转让协议》的有效附件,就应该按照证据规则提供相应的证据。比如,王某在收到《签约必读》之后的签章确认,或者能够证明王某曾经收到过该《签约必读》的录音和录像等。然而,被申请人并不能向仲裁庭提供相应证据。如果事实真的如其所言,在售房合同签订当时就已将《签约必读》向申请人王某出示,那他们就恰恰忽略了及时保留证据这个关键点,导致其在仲裁过程中,不能提供任何能够证明其已在签约之前将《签约必读》告知申请人的有效证据。相应地,

"水兵律师"王明勇

《签约必读》所规定的入园条件对申请人王某就没有任何法律约束力。

案件审理至此，事实已经基本查清，如果调解不成即可依法裁决。事实上，这也是绝大多数仲裁员的习惯性做法。然而，王明勇考虑到西安仲裁委员会一贯倡导的"君子之争，和谐仲裁"的理念，尤其是考虑到要尽可能为当事人减少诉累，争取让当事双方做到案结事了，于是就下决心争取最大努力促成双方和解。

没想到事与愿违，虽然经过两次延长审理期限，并经多次苦口婆心地劝说和调解，但是申请人始终坚持只可以退让一小步，即始终坚持违约金不能少于33万元。而被申请人也咬定"不管官司打到哪里，赔偿都不可能超过10万元"，结果只能是不欢而散。由于申请人确实没有任何违约，所以仲裁庭只能裁决在合同继续履行的基础上，支持申请人提出的赔偿违约金336376.10元的仲裁请求。

由于仲裁施行"一裁终局"制，所以裁决作出之日即为仲裁程序完结之时。此后，仲裁员再和当事人沟通联系便不算违反规定。王明勇之所以急于要和当事双方沟通联系，其实目的只有一个，那就是看看这个自己曾经为之付出过艰辛努力试图调解成功的案子，在裁决作出之后是否已经案结事了。

裁决书依法送达当事人之后不久，被申请人法定代表人赵总在偶然邂逅王明勇时，曾说："我们咨询过不少法官朋友，他们都说这个案子肯定能被撤销，所以我们准备尽快向西安中院提起撤销裁决之诉"。然而，让王明勇备感欣慰的是，撤销权期限届满后，申请人王某非常兴奋地告诉王明勇："虽然被申请人口口声声要提起撤销权之诉，但当他们咨询发现本案裁决书写得几乎天衣无缝，即便提起诉讼也将无果而终之后，就主动履行了裁决书确定的应由被申请人承担的违约金33万余元义务，并已实际交房，尽管我并没有按照他们的要求提交工商执照以证明自己符合入园条件。"不难看出，这与被申请人在仲裁过程中一再坚持的"不管官司打到哪里，赔偿都不可能超过10万元"相比，被申请人还是在本案仲裁结束之后作出了巨大的让步。

听完申请人王某报告的喜讯，王明勇在心满意足地淡淡一笑之后，深有感触地对王某说："人家赵总毕竟曾在国外耳濡目染法治社会将近二十年啊！您还记得本案首次开庭时赵总对我说的第一句话吗？那就是他用英文不无显摆地对我说：'其实兄弟我在德国的时候，就已经对仲裁非常熟悉、非常了解了！'"

（四）国际贸易纠纷篇

通过"浑水摸鱼"而"雁过拔毛"的国际货物买卖合同纠纷案

如果仅从字面意思理解，恐怕谁都不会认为"浑水摸鱼"是个褒义词。但是从捉鱼的方式方法上讲，"浑水摸鱼"却并非贬义，而是人们在与大自然斗争过程中形成的一种技能技巧和生存智慧。六年前，王明勇作为被告万德福公司的代理律师，在应对原告白俄罗斯JSC公司提起的一场国际货物买卖合同纠纷诉讼中，就非常巧妙地运用了浑水摸鱼的方法，并取得了一般人绝对意想不到的胜诉结果：在法院主持调解下,他帮助被告客户通过打官司斗智斗勇,从总额50余万美元的预付款中,硬生生地"雁过拔毛"了9万多美元!而在此之前,原告代理律师曾经一再声称:"我们交了预付款,而你们并未供货。在这种情况下,一分不少地全额退还货款,天经地义!"

对于这样一个如同"杀人偿命,欠债还钱"一般天经地义的案子,为什么经王明勇手之后就能帮当事人雁过拔毛9万多美元呢?经咨询了解发现,原来是王明勇律师办理该案的思路和策略大有学问。当然,这个案件也可以说是王明勇律师"大胆假设,小心求证"执业理念的最终胜利。具体而言,如果不是依靠该执业理念对案件事实进行大胆的假设,就不可能仅从原告偶尔暴露的一点蛛丝马迹,就敢凭借第六感觉认为原告极有可能隐瞒了真实合同,并进一步认为提起诉讼的虽然是本案原告白俄罗斯JSC公司,但最终享受胜利果实的却很可能是躲在幕后操控全局的第三人亚桑公司。在此基础上,王明勇帮助当事人在诉讼过程中通过对原告证据材料的批驳究问,帮助合议庭对案件事实进行抽丝剥茧一般的深入细致还原,让本案的蹊跷之处,尤其是让亚桑公司利用白俄罗斯 JSC 公司耍的画皮被一一揭下，从而依法迫使白俄罗斯 JSC 公司心甘情愿地被雁过拔毛。

空手套白狼，亚桑公司暗箱操控全局

2009 年 7 月 9 日，亚桑公司与万德福公司签订《关于 PERT 多层复合管材生产线订单的协议》，约定："（一）'PERT 多层复合管材生产线'的买方白俄罗斯 JSC 公司，是亚桑公司经营多年的堡垒客户。亚桑公司有权处理其货物买卖订单等一切事宜，万德福公司对此无权干涉；（二）亚桑公司如因业务需要，可让白俄罗斯 JSC 公司把货款打入万德福公司账户，万德福公司应在收款后 2 日内，立即将相应汇款转入亚桑公司指定账户；（三）亚桑公司根据情况，让万德福公司为白俄罗斯公司供货。"

协议签订后不久，白俄罗斯 JSC 公司即按亚桑公司要求，分别于 2009 年 8 月 11 日、8 月 27 日，将预付款 330662.5 美元和 198387.5 美元打入万德福公司的账户。同时，亚桑公司要求万德福公司做好为白俄罗斯 JSC 公司生产部分塑料产品加工机械的一切准备。于是，万德福公司开始紧锣密鼓地进行相应的技术与物质准备。在此期间,亚桑公司总经理韩冰(化名)带领白俄罗斯JSC公司代表安德烈先生来万德福公司考察,并拿出4份预先准备好的《塑料产品加工机械采购协议》要求万德福公司签字盖章,同时说:"你们先签字,之后我让安德烈带回白俄罗斯请他们公司领导签字,然后再返还你们2份合同"。然而,万德福公司签字盖章的这4份协议被韩冰拿走之后便一去不复返。事实上直到本案终结,万德福公司都没有见到经俄方签字和盖章后的相关合同。不见正式合同,万德福公司就不能生产供货。

其实,自2009年9月上旬开始,亚桑公司不但不为万德福公司与白俄罗斯JSC供货合同之事着想,反而企图打包收购万德福公司100%的股权。显然,亚桑公司此举就是"醉翁之意不在酒",目的是想取代万德福公司从居间人变成合同当事人。亚桑公司打的如意算盘是,他们成功收购万德福公司后,与白俄罗斯JSC公司之间供货合同的全部利益就会一分不少地落入自己的腰包,别人休想从中得到半分利!

由于万德福公司的股东意见不一致,导致亚桑公司的收购计划流产。而由于亚桑公司贪得无厌,万德福公司在进行

"水兵律师"王明勇

利润与成本核算之后发现，如果按照亚桑公司开出的条件生产供货，除去亚桑公司索要的高额居间费之后，万德福公司的利润空间就几乎为零。按照万德福公司技术顾问的说法，按照亚桑公司暗箱操控（能够同时操控卖方与买方）履行与白俄罗斯 JSC 公司供货合同的结果，就是除了替亚桑公司白白打工外，万德福公司无利可图。在这种情况下，一向对亚桑公司言听计从的万德福公司，这次竟十分果断地决定终止履行合同，并在征得亚桑公司的同意后，将首付款 330662.5 美元退还到了亚桑公司的指定账户。

对于第二笔预付款 198387.5 美元，虽然万德福公司一再催促亚桑公司尽快协助退款，但亚桑公司为了达到从中非法渔利的目的，一再指示万德福公司"暂时不作任何处理"。而万德福公司之所以要求亚桑公司帮助退款，主要有以下三方面的原因。

第一，自己和亚桑公司协议在先，来款退款均须按照双方 2009 年 7 月 9 日《关于 PERT 多层复合管材生产线订单的协议》执行。

第二，万德福公司只有通过亚桑公司才能联系上白俄罗斯JSC公司。其实，这也正是亚桑公司的高明之处，否则就很难实现对买方与卖方的暗箱操控。

第三，更为重要的是，白俄罗斯JSC公司的预付款虽然是在万德福公司账户，但却受到亚桑公司的实际控制（双方共管账户），没有亚桑公司同意，万德福公司根本动不了这笔钱。

开庭时，万德福公司申请的证人刘萍（化名，曾在韩冰带领白俄罗斯JSC公司代表安德烈考察万德福公司时受聘担任翻译）当庭证实：亚桑公司总经理韩冰曾对刘萍说，"不经我同意，白俄罗斯JSC公司打来的任何款项，万德福公司连一分钱都不敢动。"韩冰还说，"如果万德福公司不听我的招呼，我就让他们吃国际官司！"

经多次催促无果之后，万德福公司于2009年11月2日向亚桑公司发出《关于尽快协助退还白俄罗斯客户余款的函》，请求协助退还余款198387.5美元。没想到亚桑公司接函后还是不予理睬。在这种情况下，由于亚桑公司拒不配合，致使

"水兵律师"王明勇

该款长期滞留在万德福公司的账户。

无奈成被告,"浑水摸鱼"申请追加第三人

俗话说,"人算不如天算"。当亚桑公司发现既无法对万德福公司实施整体收购,而万德福公司也不想充当其赚钱的奴隶后,就采用瞒天过海的手法,擅自与另外一家公司达成合作协议,由其代替万德福公司履行与白俄罗斯JSC公司的供货合同。然而,等亚桑公司做完这一切,腾出手来向万德福公司索要余款时却发现为时已晚:由于万德福公司股东内讧,其中的两名小股东先后将公司告上法庭,并和其他债权人一样申请对公司财产进行查封保全,致使应予退还白俄罗斯JSC公司的余款198387.5美元被多家法院轮候查封,这次可真的是连一分钱都不能动了。见退款不成,白俄罗斯JSC公司遂委托中国律师孙某,向青岛中院提起诉讼,要求万德福公司退还余款198387.5美元及相应利息,并承担律师费、诉讼费等相关损失。

从前述合同、协议的签订履行情况看,尤其是从亚桑公司与万德福公司《关于PERT多层复合管材生产线订单的协议》

四、经典案例

的约定看,亚桑公司实际上就是违法、违规并违反诚实信用原则而进行双方代理,并可能因此成为这笔外贸交易的最大利益获取者。不难发现,在与白俄罗斯JSC公司之间的供货合同关系中,万德福公司只是一个名义上的卖主,而事实上的卖主则是隐藏在幕后操纵全局的亚桑公司。

除以上情况外,王明勇还通过调查了解到,白俄罗斯JSC公司的代理律师孙某在通过司法考试前,甚至是在代理本案过程之中,一直都在亚桑公司擅自指定替代万德福公司履行合同的那个公司担任重要职务。换句话说,白俄罗斯JSC公司的代理律师孙某,竟然和亚桑公司之间存在事实上的利害关系!

这一突然发现,让王明勇在悚然一惊的同时,立刻意识到:提起本案诉讼的虽然是白俄罗斯JSC公司,但是案件胜诉果实的直接利益获得者,极有可能就是躲在幕后操纵全局的亚桑公司。发现这一问题后,王明勇想:"对于从表面上看和欠债还钱一般天经地义的本案而言,只有首先把诉讼之水搅浑,才有可能将深深隐藏幕后的亚桑公司逼出水面,否则就不可能摸到鱼!"

"水兵律师"王明勇

具体到案件本身，在诉讼过程中，"浑水摸鱼"的最佳途径，就是向法院申请追加第三人。只有将亚桑公司拖进本案诉讼，使其成为能够独立承担责任的诉讼第三人，才能逼迫白俄罗斯JSC公司与其内斗，从而有利于彻底查清案件事实，让其和万德福公司一起承担其所应负的责任。否则，在原告白俄罗斯JSC公司一再声称的这个"你们既然没有供货，就该全额退款"的国际货物买卖合同纠纷案中，万德福公司根本没有任何的胜诉可能。

然而，如同"浑水摸鱼"不可能一蹴而就，申请追加亚桑公司为本案第三人也经历了一波三折。首先，相对于白俄罗斯JSC公司的原告诉讼地位而言，万德福公司作为被告，其所享有的程序性权利十分有限。事实上，被告在诉讼过程中要求追加第三人的情况比较少见。对此，主审法官李庭长说，被告在诉讼过程中申请追加第三人，我当法官这么多年还是头一次遇到。

其次，出于尽快结案避免审限超期等方面的考虑，如果没有特殊情况，法院一般不愿意节外生枝地浪费时间和司法资源去追加当事人。所以对于万德福公司的追加申请，李庭长并不积极响应，而是说："等开庭之后，看情况再说吧。起码是现在，我认为没有追加第三人的必要。"既然主办法官这样认为，在未见足以改变办案法官主观认识的证据之前，王明勇也就不好再说什么，何况主办法官的认识与担心也并非毫无道理。不过王明勇坚信，只要准备充分，理由充足，追加第三人申请就一定能够得到法院的支持。而一旦申请追加成功，则无异于已经将诉讼之水搅浑，离鱼儿被迫浮出水面任人捕捉的时候，也就不远了。

深挖细抠原始合同，迫使原告同意调解结案

在庭审过程中，王明勇意外地发现，原告白俄罗斯JSC公司据以提起本案诉讼的所谓"买卖合同"既不真实，也不完整。这份合同，无论从形式上还是从内容上，都经不起推敲。于是，他就要求原告向法庭提交真实有效的原始合同。对此，原告代理律师孙某一再强词夺理，辩称其所提交的就是原始合同。因为合同是用英文写的，孙某之所以敢强词夺理，很可能是欺负王明勇，甚至欺负法官看不懂英文合同，所以企图蒙混过关。然而，王明勇认为原告越是强词夺理，就越说

明其外强中干；越是故意隐瞒，就越说明其中必有隐情。而越是这样，王明勇就越是揪住不放，申请法院一定要让原告提交原始合同。

事实上，发现原告合同存在疑点的起因也是很偶然的，当然这也是王明勇律师"做学问须于不疑处有疑"的执业习惯使然。此前，王明勇在案件准备过程中，曾在无意之间看到过亚桑公司操控签订的与本案无关的另外一份国际货物买卖合同的原件，不但将其牢记于心，而且将其与本案产生联想。其中的争议解决条款明确约定"协商不成，在原告所在地法院提起诉讼"。另外，在打破砂锅问到底的过程中，王明勇又见微知著地发现，原告白俄罗斯JSC公司提交法庭的英文版合同的第一页，居然是从序数词"Ⅳ"开始的。不言而喻，既然原告作为证据提交法庭的合同条款中有这么一个"Ⅳ"，按照惯例，就必然会有与之对应的"Ⅰ""Ⅱ""Ⅲ"。反过来讲，正因为本案原告提交法庭的合同中没有通常该有的那些东西，才让人倍感疑惑。

结合前述看似无关紧要的另外一份合同中包含的"在原告所在地法院起诉"条款，王明勇推断，按照一般人的职业习惯，在签订合同时，往往都会套用固定模板，这对亚桑公司很可能也不例外。既然在其合同模板中有"在原告所在地法院起诉"这么一个固定条款，那么在其操控万德福公司与白俄罗斯JSC公司签订的合同中，也一定会有同样的约定。不言而喻，该推断一旦成立，必将对案件走向和案件结果产生颠覆性的影响。因为合同中一旦有此约定，青岛中院对本案就没有管辖权，相应地，白俄罗斯JSC公司要么主动撤诉，要么被裁定驳回起诉。一旦白俄罗斯JSC公司回国起诉,届时，作为中国大陆公司的被告万德福公司，是否前去应诉答辩尚未可知，而判决后的跨国执行几乎就将无从谈起。在认清楚这种危险局势之后，白俄罗斯JSC公司必然会主动降低身段，在讨价还价索要余款198387.5美元时，甚至有可能会从零开始和万德福公司协商谈判。

确定以上抗辩思路之后，王明勇就针对原告白俄罗斯JSC公司的以上证据瑕疵和逻辑纰漏，依据《最高人民法院关于民事诉讼证据的若干规定》第七十五条"有证据证明一方当事人持有证据无正当理由拒不提供，如果对方当事人主张该证据的内容不利于证据持有人，可以推定该主张成立"

的规定，申请法院责令原告白俄罗斯 JSC 公司向法庭提交其赖以提起本案诉讼的真实有效的原始合同，否则即应依法判决由其承担举证不能的败诉后果。

尽管百般抵赖，一再狡辩其所提交的就是原始合同，但原告代理律师终究无法自圆其说。面对原告一连串的证据瑕疵，以及其代理律师在庭审中暴露的一个又一个的逻辑纰漏，当主办法官李庭长逐渐参悟其中"奥秘"之后，就让代理白俄罗斯 JSC 公司的孙律师解释其所提交法庭的合同条款为什么从"Ⅳ"开始。孙律师除了强词夺理、颠三倒四地声称"我说这是真实合同，它就是真实合同"外，只能顾左右而言他。毫无疑问，案件进展到这一地步，诉讼之水确实已经搅到足够浑了，于是王明勇见好就收，不再穷追猛打，转而积极配合李庭长做好调解与结案的工作。

经过半年多时间的艰苦努力和据理力争，这个看似没有任何悬念的"既然没有供货，就该全额退款"的国际货物买卖合同纠纷，在青岛中院李庭长耐心细致的主持调解下，最终达成如下协议。

第一，对于迟延退款期间被法院查封并被当作万德福公司的财产，而被实际执行扣划的那部分款项及相应利息，白俄罗斯 JSC 公司不再要求万德福公司予以返还。

第二，除以上被扣划款项外，余款在解除查封扣押之日起三个工作日内，无息退还给白俄罗斯 JSC 公司，万德福公司和亚桑公司予以必要配合。

第三，万德福公司放弃对第三人亚桑公司的诉讼主张，白俄罗斯 JSC 公司也不向其主张权利。

第四，本案翻译费与诉讼费等一切费用，均由原告白俄罗斯 JSC 公司承担。

需要说明的是，以上本应如数退还但却因为法院查封扣划而已经无法返还的费用，竟然高达 9 万多美元！而这些费用，原本都是应由万德福公司自己依法承担的。不难看出，被告万德福公司不但没有因为亚桑公司操控的这场"国际官司"而遭受什么损失，反而通过诉讼过程中的"浑水摸鱼"，而相当于"雁过拔毛"了白俄罗斯 JSC 公司 9 万多美元。该数额比正常情况下实际履行一个国际贸易合同可能获利还要多出许多。这个诉讼结果,让一般的法律人都会感到不可思议。有人甚至不无调侃地对王明勇律师说:"都说'欠债还钱,天经地义',怎么到了你这里偏偏就成了'雁过拔毛,合情合理'了呢?"

应该讲,本案之所以能够取得如此辉煌的胜诉结果,除了得益于王明勇律师对案情的精准把握、对案件事实的准确定性和对案件瑕疵的明察秋毫外,就在于这个"浑水摸鱼"思路策略的恰当运用了。当然,法治的进步,尤其是法官秉持法治精神坚持法治原则依法办案,对于本案胜诉的作用也是不可或缺的。

五、个人年鉴

1976年9月——山东省寿光县马店乡老庄小学学生

1981年7月——山东省寿光县马店乡西文联中学生

1984年9月——山东省寿光县第一中学学生

1987年11月——从寿光县应征入伍后,在海军第三训练团57大队当学兵

1988年8月——海军潜艇第二十二支队248艇战士

1989年9月——海军潜艇学院常规潜艇技术指挥专业即"通科部门长班"学员

1993年7月——潜艇第二支队355艇鱼水雷部门长

1997年8月——在潜艇第二支队239潜艇鱼水雷部门长岗位,参与组织指挥该支队历史上的第二枚战雷实射任务

1998年11月——在潜艇第二支队349潜艇鱼水雷部门长岗位,

参与执行中央军委应急机动作战部队紧急拉动任务和黄渤海区域战备巡逻任务

1999年3月——海军潜艇学院战术指挥专业即"潜艇艇副长班"学员，同时攻读作战指挥学硕士学位

2000年4月——潜艇第二支队349艇副艇长

2001年12月——完成作战指挥学专业研究生学业取得"军事学硕士"学位

2003年10月——通过国家司法考试取得法律职业资格证

2004年4月——潜艇第二支队教练室水文气象工程师

2005年4月——海军北海舰队法律顾问处专职律师

2007年1月——海军北海舰队军事检察院主诉检察官

2008年2月——海军北海舰队法律服务中心主任

2008年11月——到意大利圣雷莫人道法国际学院参加"第八期海、空战法培训班"

2010年11月——经最高人民检察院检察长曹建明批准，晋升为"四级高级检察官"

2012年9月——入读西安政治学院，师从导师陈耿教授攻读军事法学博士学位

2015年1月——成为中国法学会会员

2015年7月——完成军事法学专业博士学位的课程考试和论文答辩，取得法学博士学位

2016年4月——申请选择自主择业后，任北京谦君律师事务所执行主任

2016年12月28日——退出现役后落户青岛市北区

2017年7月19日——与人合伙创设山东水兵律师事务所

2017年12月25日——被任命为中共山东水兵律师事务所党支部书记

备注：

2012年9月—2015年7月在解放军西安政治学院攻读全日制法学博士学位期间，因工作需要未按常规被免职，仍担任北海舰队法律服务中心主任，工作、学习两不误

"水兵律师"王明勇

检察官等级证书

高检第 20109309 号

根据《中华人民共和国检察官法》

批准：

王明勇 为 四 级高级检察官。

最高人民检察院检察长 曹建明

二0-0年十一月十日

六、既往荣誉

纵观王明勇三十年军旅生涯，可谓成绩斐然、精彩纷呈。本书罗列其中部队荣誉的主要目的，就是期望他在新的工作岗位上，为国家法治的建设、和谐社会建立和法治强军再接再厉、再立新功。

- 1997年12月，因工作突出被海军潜艇第二支队党委荣记三等功；
- 2011年12月，因工作突出被海军北海舰队党委荣记三等功；
- 2007年、2008年、2009年、2010年，连续四年被海军北海舰队政治部表彰为"优秀政治机关干部"；
- 2014年7月，被解放军西安政治学院党委表彰为"优秀共

产党员";

- 2014年11月,作为学院学雷锋积极分子,被解放军西安政治学院推举为"陕西省学雷锋先进个人"候选人;
- 2015年7月,被解放军西安政治学院评为"博士研究生优秀科研成果奖";
- 2015年9月,被北京市律师协会军事法律事务专业委员会颁发"贡献奖";
- 2010年3月,由于业绩突出、影响较大,《中国军法》杂志在总第103期以《"水兵律师"王明勇》为题,对王明勇律师的先进事迹进行专题报道;
- 2011年9月,被解放军四总部表彰为"2006—2011年全军法制宣传教育先进个人";
- 2011年6月,被中宣部、司法部表彰为"2006—2011年全国法制宣传教育先进个人"。

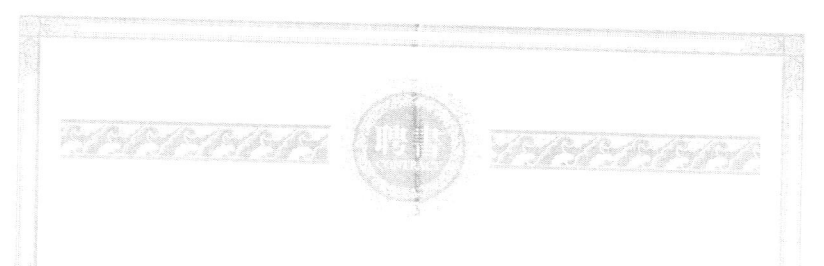

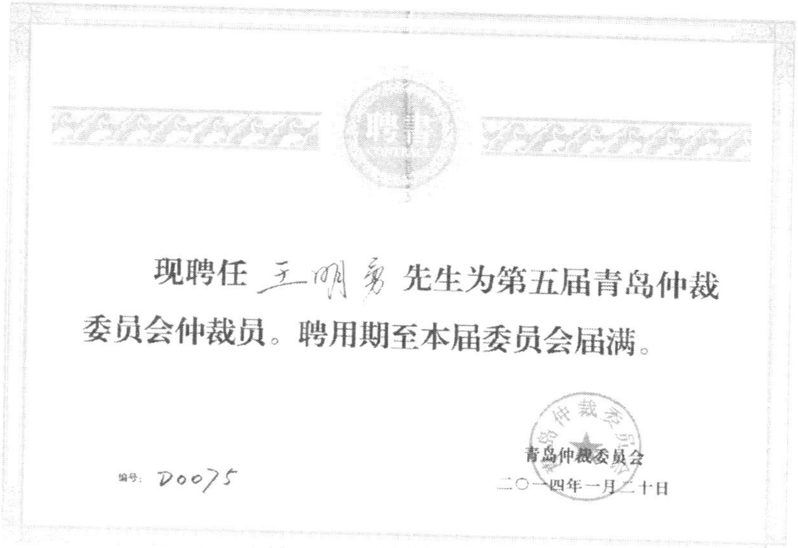

漂亮的"失败"是另一种成功(序一)

现聘任 王明勇 先生为第五届青岛仲裁委员会仲裁员。聘用期至本届委员会届满。

编号：D0075

青岛仲裁委员会
二〇一四年一月二十日

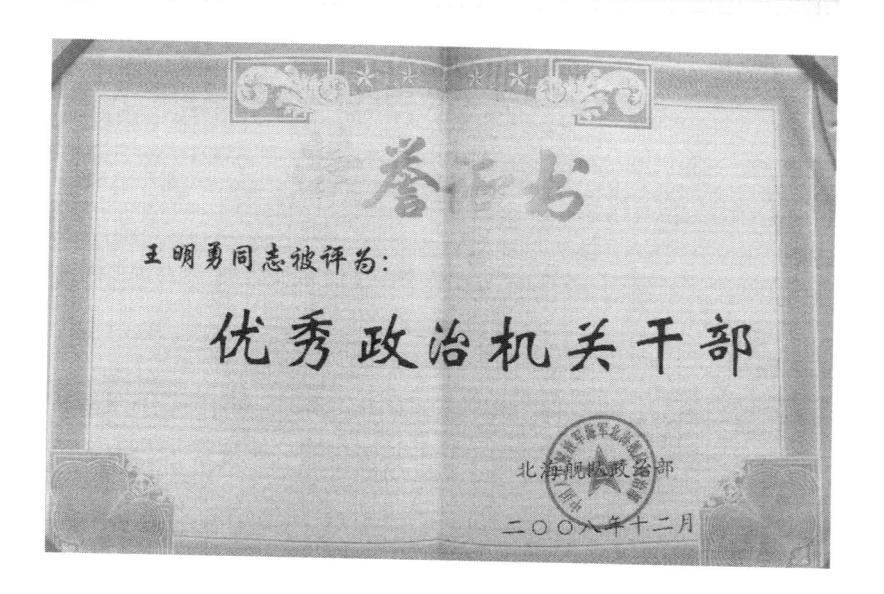

荣誉证书

王明勇同志被评为：

优秀政治机关干部

北海舰队政治部
二〇〇八年十二月

"水兵律师"王明勇

荣誉证书

王明勇同志：

被评为2006—2010年全国法制宣传教育先进个人。

中共中央宣传部　中华人民共和国司法部

二〇一一年五月

获奖证书

王明勇同志：

您撰写的论文《美军海上兵力行动法律保障人员研究》，获中国法学会军事法学研究会"深入推进依法治军从严治军"学术研讨会优秀论文奖。

中国法学会军事法学研究会

二〇一五年九月

七、服务范围

综合以往办案经历、经验积累、研究成果和学习思考等相关情况，不难看出王明勇律师的研究涉猎比较宽泛，法律服务工作范围较为深广。

（1）可以受聘担任部队各级首长机关、任务编队、企事业单位，地方各级党委与人民政府机关与企事业单位，军地院校，社会团体，以及各类公司企业的常年法律顾问：

- 为依法决策提供咨询服务；
- 为依法管理提供法律咨询意见；
- 帮助审查各类规范性文件；
- 帮助审查、起草、修改、制订合同协议；

- 帮助进行合同履行监督与风险防控；
- 参与重大项目的磋商谈判；
- 法制宣讲与法治教育。

（2）就个案接受专项委托提供法律服务

- 以律师身份代理仲裁或诉讼案件；
- 协助防范与处置上访等应急突发事件；
- 协助调解处理伤残或亡人等事故案件；
- 帮助出具律师函、法律意见书等法律文书；
- 代写法律文书。

（3）受聘为军事行动提供法律咨询服务与伴随保障

（4）帮助培训律师或其他法律服务骨干

（5）提供其他诉讼或非诉法律服务

八、约王明勇喝茶，品大律师之道

从普通战士到法学博士，从指挥潜艇驰骋深海大洋的全训副艇长到在军地都有一定知名度的资深律师，从帆船裁判、心理咨询师、高级检察官到知名仲裁员和全国、全军法制宣传教育先进个人，无论为人、处事，还是研究案件、做学问，王明勇律师往往都有其独到的见地和另辟蹊径的思路方法。

无论任职海军北海舰队法律服务中心主任，在解放军西安政治学院攻读法学博士学位，还是在北京谦君律师事务所担任执行主任，在对年轻的法律人进行"传、帮、带"方面，王明勇律师从不担心害怕"教会徒弟饿死师傅"，总是不遗余力地倾囊相授。在北京谦君律师事务所工作期间，"来，我请您喝茶"甚至一度成为王明勇律师传道、授业、解惑的

"水兵律师"王明勇

代名词。

　　王明勇律师有句口头禅:"只有看明白了,才能活明白。"事实证明,和王明勇律师喝茶聊天,不仅可以品味大律师之道,而且可以品味智慧人生。

附录一

作者简介

张维武，男，山东莱西人，中共党员，海军上尉军衔，法学学士学位；1989年1月出生，2012年6月清华大学法学院毕业后参军入伍；曾在海军北海舰队法律服务中心担任专职律师，现在解放军总直属军事检察院从事检察官工作。

张乐，男，山西灵石人，中共党员，海军上尉军衔，法学硕士学位；1991年6月出生，2012年6月清华大学法学院毕业后参军入伍；2015年1月解放军西安政治学院研究生毕业后，任海军温州舰副教导员，后赴意大利圣雷莫人道法国际学院参加武装冲突法培训，现为解放军92269部队专职律师。

杨颖琛，男，陕西西安人，中共党员，陆军上尉军衔，

"水兵律师"王明勇

法学硕士学位；1991年1月出生，2012年6月清华大学法学院毕业后参军入伍；2015年1月解放军西安政治学院硕士研究生毕业后在火箭军某部从事法律顾问工作。

陈建孝，男，宁夏海原人，中共党员，陆军上尉军衔，法学硕士学位；1991年3月出生，2012年6月中国政法大学法学院毕业后参军入伍，并入读解放军西安政治学院；2015年1月硕士研究生毕业后任解放军68612部队政治处干事，两次荣立三等功。

何鎏，女，黑龙江省呼兰县人，中共党员，法学硕士学位；1981年5月出生，2003年6月黑龙江大学法学院毕业后，在北京市某国企总部从事法律事务管理工作；2013年取得北京大学经济法学硕士学位，拥有法律职业资格和企业法律顾问执业资格，目前为北京谦君律师事务所执业律师。

附录二

王明勇在"第十届军事法前沿论坛"上的点评发言

不忘初心：殷殷强军情，浓浓法治意

尊敬的各位老师，女士们、先生们，上午好！

我叫王明勇，系原海军北海舰队法律服务中心主任、军队律师，也是军事法学研究与实践的积极爱好者和身体力行者，今年选择自主择业，下周一即回青岛办理结算离队手续，然后就步刘广滨老师等人的后尘，做一名自食其力的地方律师。回顾自己连续多年参加中国政法大学法学院举办的军事法前沿论坛的心得体会，结合自己长期从事军事法学研究与

"水兵律师"王明勇

实践的苦乐年华,感慨很多,心情非常复杂。

首先,衷心感谢中国政法大学军事法研究中心再一次给我这么一个非常难得的"学习、交流"与"展示、提升"的机会,同时也衷心感谢在座的各位专家、教授和师长、朋友们对我个人成长进步的持续关怀照顾。

其次,是对中国政法大学这样的地方高等学府和李卫海教授这样的地方高精尖法律人才,在长达十年乃至数十年之久的时间里,持续不断地关注这么一个似乎只有军队院校和军中法律人研究关注才更加贴切的军事法前言问题,在羡慕嫉妒恨的同时,总感觉有点不大对味。细究这个问题,就会发现其中大有嚼头,比如军事法研究的主体与责任问题,再比如相关研究成果与部队法治实践之间的对接与转化问题等,都很耐人寻味,也都值得深入研究思考。当然,这些问题都可以归结到"军民融合"这个国家大战略的筐子之中去,然而我们不得不面对的,另外一个相对更为现实的问题是,在军事法律服务领域,虽然地方很想跟部队实现"军民融合",从而为法治强军目标的有效实现而尽一份绵薄之力,同时也能在经济报酬上多少分得一杯羹,可部队是否也有这样的心理情节呢?至于"融什么,跟

附录二 王明勇在"第十届军事法前沿论坛"上的点评发言

谁融,怎么融"以及"融多深"和"融多大"等一系列问题,我认为既需要深入细致的理论研究,也需要脚踏实地的探索实践,既离不开当权者进一步解放思想更新观念,更离不开当政者给予坚强有力的法规政策引导支撑。

三是应该加大力度为军事法律顾问制度的有效构建鼓与呼。1985年2月,在海军诞生了中国军队有史以来的第一位军事法律顾问,从那时起到现在虽然已经过去30多年,但就军事法律顾问制度的发展构建而言,可谓进两步退一步,有的甚至"辛辛苦苦三十年,一夜回到解放前",不仅经过几代人呕心沥血或大刀阔斧才得以编外定编的原有法律服务工作岗位被干净利索地予以撤销取缔,就连法律服务工作人员也相应地树倒猕猴散。当然,部队法律服务从业人员的奇缺现状,也随之为我们这些地方法律服务人员能够有机会参与到部队法律服务工作之中创造了条件,因此,起码对我个人而言,部队军事法律顾问制度缺失和法律服务从业人员欠缺,这也许不算什么坏事,但对国家法治建设,尤其是对法治强军战略目标有效实现而言可就成了大问题,所以作为一名法律人,我们有义务也有责任为军事法律顾问制度的有效构建竭尽全力鼓与呼。

"水兵律师"王明勇

　　最后，说一说朱杰老师的这篇《军队参与抢险救灾程序问题立法探究》论文，其实这才是我今天坐在这个发言台上的正传。说实在的，接受这个点评任务之初感觉很惶恐，然而看到这篇论文之后又感到很欣喜，因为这篇论文从选题到立意都很新颖，事实上类似问题的研究探索也很迫切，总体感觉朱杰老师的这篇论文不光有思路，而且有办法，写得非常好，尤其是对军队抢险救灾程序缺陷问题的归纳总结可谓一针见血，而且连续用了"依据散""规制乱""规则粗""规定无"等四个排比句，可谓文笔流畅、文采飞扬。值得商榷的是，文章似乎应该对抢险救灾行动中军事法律顾问作用的发挥及其工作机制的运转予以适当顾及。我的发言到此结束，谢谢大家！

王明勇
2016 年 12 月 18 日

附录三

五十岁的我，四十岁的鹰

——在毕业三十周年同学聚会上的演讲

尊敬的各位老师、同学们，女士们、先生们，上午好！

首先，请允许我给大家深深地鞠上一躬。我之所以要给大家鞠躬，是因为鲁迅先生有言在先："浪费别人的时间，就等于图财害命！"我自知才疏学浅，今天的演讲极有可能就是在浪费大家弥足珍贵的时间，所以我要虔诚地给大家鞠躬道歉。况且，都要"劫人钱财、害人性命"了，能不礼貌、客气一点？

下面，我想结合自己毕业三十周年的经历和阅历，并结合自己对人生、对人性和对职业的体会和感悟，展开今天的演讲。

"水兵律师"王明勇

第一个话题：幸福不只是"有钱、有闲、有时间"，在很多情况下，"幸福就在痛苦后"

为了准时参加今天上午的聚会，昨天早晨六点钟刚过，我就从位于青岛海云庵附近的工作室出发，自己开车回寿光。虽然出门就是瓢泼大雨，但我依然坚定前行，因为临时改变既定行程从来就不是我的作风。我的处事原则就是"言必信，行必果"。

在毕业二十周年的同学聚会上，我跟大家分享的三个故事之一，就是自己为了赶赴春节前就已约好的同学聚会，不顾大雪封路，顶风冒雪地和自行车一起摸爬滚打了二十余里路，以至于融化在自己脸上的雪水，竟然凝结成了一层小米粒一般厚的冰！

没想到今天的出行又适逢大雨倾盆，于是乎，一边毅然决然地开车上路，一边自我解嘲："贵人出行多雨雪。"

由于雨大路滑，在限速每小时120公里的青新高速公路上，我最快只能跑到每小时90公里左右。在这样的速度下，遇到有人以更高的速度超车，或者当我以更快的速度超越其他重型货车的时候，汽车前挡风玻璃上总是水花四溅，一片茫然，就像当年我作为潜艇值更官（也有国家或地区的海军称之为值星官），在风吹浪打中坐在风雨飘摇的舰桥上，指挥潜艇在狂风暴雨中劈波斩浪水面航行。平时距离水面将近十米高的 33 型潜艇的窄小舰桥，在潜艇由波峰跌入波谷的那一瞬间，向海倾斜的一侧甚至几乎就能触及水面！此时此刻，如果你有足够的胆量放松和调皮，你甚至都可以拿手掬起一捧咸涩的海水！那种场面的波澜壮阔，与今天这种自己驾车在瓢泼大雨中高速超车的水花四溅，都是让人感到既惊心动魄，又凄美壮观，就如苏东坡《念奴娇·赤壁怀古》中的经典名句："乱石穿空，惊涛拍岸，卷起千堆雪。"

早晨七点左右，当我驾车行驶到建设在即墨市小龙山上的永和宫观音寺附近时，也就是刘凤莲、郭新永和杨志明等一帮红男绿女，开始在微信圈里"国庆快乐"和"仲秋快乐"的时候，我却非常郁闷地被堵在了这条本来可以跑到每小时 120 公里的高速公路上，蜗牛一般地缓慢爬行，平均时速不到三公里！百无聊赖中，我竟莫名其妙地想起了费翔《故乡的云》中的一句歌词："归乡路，是那么的漫长！"

"水兵律师"王明勇

刚才我看了一下花名册，发现今天在座的并非我们寿光一中八四级五班72名同学中的全部，还有为数不少的同学，以各种各样的理由，或者出于各种各样的原因，非常遗憾地没有出席今天这样一个非常值得纪念的同学聚会。毕业三十周年，人生能有几个三十年啊？对那些没有到场的同学而言，他们的归乡之路不是更加漫长吗？

古往今来，游子的归乡之路都很漫长。有的是因为空间距离太过遥远，有的则是因为旅途奔波的煎熬。更多的人，从我个人的自私自利的角度来看，其所谓的漫长的感觉，则是来自于无法克服心理障碍，正如有同学在微信群中的批评性留言："你不回来的理由，并不充分！"

记得中国国民党荣誉主席连战先生，在国民党败退台湾五十六年后于2005年第一次回到大陆祭陵时，说了这样三句意味深长的话：一句是"其实，我们早就想来，只是由于各种各样的原因，而一直没有来"；第二句是"不管怎么说，毕竟是来了"；最后一句虽然很短，短到只有区区四个字，但却十分经典："来了就好"！

附录三 五十岁的我，四十岁的鹰

对此，我想与很长时间以来一直在为组织和筹划这场毕业三十周年聚会而不辞辛劳和无私忘我地默默奉献的李涛、吴广、郭新永、杨志明及王佐明等同学相比，我们的时间真的就那么珍贵，归乡之路真的就那么遥远而漫长吗？不到场的理由可以有很多，但是所有的理由真的都可以那么冠冕堂皇吗？悟已往之不谏，知来者之可追。但愿下一次同学聚会的时候，不管山千重还是水万复，也不管其他事情究竟有多么重要，我们寿光一中八四级五班的每一名同学，都能像虽然工作和生活在遥远的广东茂名，但却仅仅是为了参加这个毕业三十周年同学聚会，而特意提前赶了回来的王雪梅同学一样。这样，我想连战先生那非常经典的最后一句话，就可以改成"都来了，更好！"

昨天堵在高速公路上，在漫长煎熬的等待过程中，我禁不住给同事打了一个电话，说我被堵在回乡的高速公路上了，没想到他们的讥讽和埋怨很现实，有人说："这么着急忙慌地回去干什么？在青岛待着多好！"对此，我的回答既幽默又暧昧，我说："家有老母亲，也有心上人，哪能不回去呢！"

说心里话，不管三十年前彼此之间是怎样的，"羡慕嫉妒

"水兵律师"王明勇

恨"也好,埋头只读圣贤书也罢,甚至睚眦必报到动过拳头,我想那一切的一切都是过眼云烟,留到今天的应该只是同窗之谊的美好。因此,在毕业三十年之后的今天,在像盼望过年一样盼着聚会早一点到来,以便能够更早一点地见到那些已经阔别多年老同学的漫长等待中,我才深切地体会到,在座的每一位同学都是我的心上之人,都让我魂牵梦绕、日思夜想!今后,不管我将身处何方,也不管彼此相距多远,我想我的心都会和大家在一起,永远在一起!

在高速公路上蜗牛一般缓慢地爬行40多分钟之后,道路和天空一样,逐渐明朗。直到这时,我才发现导致拥堵的真正原因是前面发生了一起严重的交通事故,六车相撞,惨不忍睹。在寿光北站下高速之前,我统计了一下,类似的交通事故在这短短的不到200公里的高速公路上竟然发生了六起,受损汽车高达32辆之多,让人触目惊心!

在上调舰队机关从事律师和检察官等司法工作之前,我曾作为潜艇部队的一员在海上风吹浪打了12年,可以称得上是具备良好船艺的具有丰富的船舶驾驶与操纵经验的老水手。对于操船和开车,我的体会是两者异曲同工,要想不出事,都要老老实实地遵规守矩,要眼观六路、耳听八方,保持正规瞭望,要留出以便在紧急时刻能够及时把车或船停住的安全距离。目睹这么多交通事故之后,我突然想到了一个哲学问题,那就是什么是幸福,或者说幸福是什么呢?

结合自己在外打拼这么多年的蹉跎岁月,我思前想后认为,幸福不仅仅是网络语言所流传的"有钱、有闲、有时间"。事实上,在很多情况下,幸福就是《真心英雄》一曲中所唱的"不经历风雨,怎能见彩虹",换作哲学语言表达就是"幸福就是痛苦后"!

第二个话题:法律就是三句话六个字,即主体、程序和证据

几天前,在寿光一中青岛校友会工作人员座谈会上,曾以其父黄文汉先生的名义,在寿光一中设立"文汉奖学金"的黄效华师兄说,他听了某位大师的演讲之后很受启发并豁然开朗,用短短 5 分钟的时间,就可以为大家解释清楚什么是现阶段连美国人都深感云里雾里的量子力学。黄效华师兄曾经是一名大学教师,现在是一位非常成功的商人,温文尔

雅，是一位典型的儒商。

闻听黄师兄此言，我想我虽不具黄师兄之才，但也自信能够在短短的5分钟之内，为大家解释清楚什么是法律。因为从我这么多年的学习和工作的实践来看，我认为所谓法律，其实可以简化到三句话六个字：主体、程序和证据。

所谓主体，就是谁的事情谁来办，谁办事情谁负责，谁有权利谁主张，谁的责任谁承担。

所谓程序，顾名思义就是指办事的顺序，或者说是办事所必须遵守的规矩。在前几年持续热播的电视连续剧《宰相刘罗锅》中，六王爷对他的新科状元女婿刘罗锅谆谆教导说："不管刮多大的风，也不论下多大的雨，步子都不能乱！"不用说，这是久历官场的老丈人在给自己的乘龙快婿讲授官场哲学。对法律而言，我认为步子不能乱就是指必要的程序一个都不能少，而且先后顺序不能颠倒。一旦颠倒或者缺失，必然就会老虎拉大车——乱了套！

至于证据的重要性，更加不言而喻。在现代社会，尤其是在法治社会，打官司就是打证据，而不是打关系。没有证据，或者说证据存在瑕疵，一切都将无从谈起。关于证据的重要性，相对最典型的案例是发生在美国的辛普森杀妻案。由于时间关系，在这里不予赘述。

说到法律，必然由此延伸到党的十八大胜利召开以来，点击率越来越高的一个关键词——法治社会。那么，什么是法治社会呢？

我在网上和网下费力地查询了一下，发现目前关于法治社会的定义还比较复杂，也很笼统，而且难免挂一漏万。于是，我结合自己对法治精神的理解，将法治社会简单归纳为两句话：一是要把熟人社会变成陌生人社会，二是要实现小政府、大社会。

试想，如果人人都能讲规矩、按程序、拿证据办事，而不是像过去那样即便遇到芝麻大的一点小事，也会去找熟人拉关系；对政府而言，如果只管自己该管的属于自己职责范畴之内的事，其他那些属于人民自理自决范畴的事情，不论看起来有多大或多难，都交给人民群众按照他们自己的权限范围和事情的运行规律自己处理，那么，不论政府还是个人都将身心愉悦，也必将公平、公正且秩序井然，这就是法治社会。

第三个话题：任何借口，都源于懒惰、不自信和不自觉

2017年，我一共办了三件自以为得意和自豪的事情。

一是2017年4月份，我在知识产权出版社编辑刘晓庆女士的循循善诱下，当然也是为了配合《"水兵律师"王明勇》一书的出版发行，终于开通了自己的微信。毫无疑问，在封底加上我的微信二维码之后，这本书就成了我的一张大名片，一张别出心裁的大名片！

二是终于学会了开车。我虽然很早就拥有在形式上合法，究其出身却算不上正大光明的驾驶证，但却不会开车。就连有时候司机把车停在小区里不小心堵了别人的路，需要往前挪动一步，我都不得不找人帮忙才行。而且，每当别人劝我去学开车，我总是以自己工作太忙，自己日思夜想的事情比较多为由加以拒绝，甚至不惜以"狗脑子不记人事"为借口拿自己开涮。不管别人怎么循循善诱，我就是打定主意不去摸方向盘。即便去年年底离开部队自主择业成为地方律师，

附录三 五十岁的我，四十岁的鹰

永远失去了可以随叫随到的部队司机之后，我也没去学车，而是很快雇请了一名地方司机。司机下班后，我就打滴滴快车，并由此打定了今生今世不去学车的老主意。

然而，当我因为办理刑事案件的需要，必须去远离青岛市区半百公里外，而且不通公交车的即墨普东看守所会见刑事案件当事人的时候，这才发现律师自己不会开车的麻烦究竟有多大。比如，青岛看守所明文规定不是律师不能跟车进入看守所的大门。而且，车辆和人员只能从东南门进、从西北门出，再也不能像过去我坐军车时那样，可以通融到让不是律师的司机也能把车直接开进看守所的大门。这样，每次去看守所会见，我都不得不自己走进去再走出来。这一进一出的光是耗费在路上的时间，加起来就有近半个小时之多！

要知道对一名资深律师而言，最宝贵的不是金钱，而是时间。从青岛市区到看守所，即便不堵车，路上最快也要一个小时左右的时间，而看守所规定的律师可以会见的时间又极其有限。有时候去晚了哪怕只是短短的一分钟，值班警察都不会再为你安排会见。这样的情况一旦发生，就只能无功而返，大半天的时间就这样白白地浪费掉了！

另外一个非常重要的原因,是地方司机不像部队司机那样可以全天候地提供服务。赶上礼拜天或节假日,当我需要频繁用车的时候,司机往往也需要回家照顾家人。这时候我就彻底抓狂了,深切感受到了现代社会不会开车的寸步难行。于是,在经历太多诸如此类的痛苦之后,我痛定思痛,终于下定决心一定要学会自己开车,并给自己制订了一定要在两年内学会开车的宏伟计划。毕竟人过四十不学艺,而且我又曾在思想深处如此顽固透顶地抵制开车,所以在别人眼里看来很容易的开车手艺,在我这里几乎就是登天之难。

然而,等我真正学起车来,才发现毛泽东主席关于"帝国主义和一切反动派都是纸老虎"的著名论断,不仅仅用在国际政治层面恰如其分,具体到我的学车经历,情况也是如此。我曾经把学车这件事情看得如此之难,认为自己天生就学不会开车,并曾经下定决心这辈子不去动车,但是没想到真正学起车来却又如此速成。

对我学车而言,2017年的7月15日可谓终生难忘的一天。因为直到这天上午的11点左右,我才在启蒙教练的指导下第一次正式手握方向盘。好在车是自动挡,操作相对简单。在教练的指导下，我发动汽车后就开始起步上路。我先是在父亲帮人看守的停车场附近的公路上尝试开车，来回跑了四五公里直线之后，教练师傅说："咱们到县城吃饭去吧"，于是我就在他的指导下，小心翼翼地把车开到了位于寿光东城的一家饭店。没想到午饭刚过，距离我开始手摸方向盘的时间还不到两个小时，教练师傅说："看你开车比较稳当，咱们上羊田路试试吧！"

羊田路是条相对宽阔，同时也是车来车往比较繁忙的限速80公里/小时的省道。师傅见我在这样一条车辆正常行驶的省道上，也能把方向盘握得比较稳，线路跑得也比较正，而且曾经有过十几年的海上操船经历，就说："咱们上高速公路体验一下吧。"

尽管心中忐忑不安，手心紧张得直冒虚汗，而且此时距我手摸方向盘还不到三个小时，但是看到教练师傅那满是信任与鼓励的眼神，想到自己曾经指挥潜艇在狂风恶浪中砥砺前行出生入死的经历，我就毅然决然地把车开上了荣乌高速。从寿光北上高速，从寿光西出高速，来回体验了差不多有30多公里，其间还有几次惊险的超越一辆接一辆的大型油罐车的超车经历。

第二天又如此这般地体验一番后，第三天也就是2017年的7月17日的早晨6点，我就在教练师傅的保驾护航下，自己把车从寿光老家开回了青岛！从此之后，无论在青岛上下班还是回老家寿光，我都是自己开车。

第三件事，就是转业离队不到8个月，我拉人合伙创立了一家属于退役军人自己的山东水兵律师事务所。大家可能知道，设立律师事务所跟设立公司不太一样，因为各地的司法行政机关对律师事务所审批得特别严，从区司法局、市司法局、省司法厅到国家司法部，仅是名称预核准这一项，就要经过层层审批四道关，而且我们还是要以"水兵"这样一个一般人都会觉得不可能得到审批的名字命名。因此，这样一家特色律师事务所设立过程中所面临的困难可想而知，所以，我总是发自内心地感恩。

七八年前就开始流传于某地酒场的出自我口中的"攒钱不如攒朋友"，在我们山东水兵律师事务所的设立过程中再一次得到了验证：积德行善，散财聚人，人聚财生，好人一生

附录三　五十岁的我，四十岁的鹰

平安！

说实在的，对于在座的各位高才而言，办成我所沾沾自喜的这三件事情可能根本就不算什么，但是对我这样一个从本能上拒绝开车，从思想深处抵制开通现如今连卖菜老农都已运用自如的微信，而且即便是寄人篱下都不会轻易低一下头的我来说，这每一件事都很难。正因如此，我在办成这三件事情之后的愉悦也就可想而知了。昨天，当我被堵在高速公路上，思考着面对老师和同学们的信任和重托我该说些什么的时候，开通微信和学会开车这两件小事突然让我顿悟：任何借口，都源于懒惰、不自信和不自觉。

说到这里，也许有同学会说王明勇跑题了，不是说要讲"五十岁的我，四十岁的鹰"吗？接下来，我就言归正传，说说老鹰的故事。

我们知道，一只鹰的年龄可以达到70岁，是世界上寿命最长的鸟类之一。然而，能够活到70岁的鹰，在现实中并不多见，因为它在活到40岁的时候，爪子已经老化，再也无法有效地抓住猎物；它的喙也变得又长又弯，几乎就要碰到自己的胸膛，不可能再像过去那样可以轻松自如地对地面奔跑的野兔实施俯冲猎杀；而它的翅膀也变得十分沉重，又浓又厚的羽毛，促使飞翔显得非常吃力。这时候，老鹰就要作出一个非同寻常的抉择：要么沉溺在对过去的辉煌记忆中，等待死神的静静来临；要么经历一个浴火重生的过程，之后重上蓝天展翅翱翔！

老鹰浴火重生的过程不但痛苦，而且漫长，长到竟然需要长达150多天！作出浴火重生的决定后，老鹰就会努力地飞到山顶，在悬崖上筑巢，在那里停留。首先，它要用自己的喙使劲地击打岩石，直到满嘴鲜血直流，让又长又弯的喙完全脱落干净，静静地等待新的喙慢慢地长出来。之后，它会用新长出来的喙，把自己爪子上的指甲，从结实的肉里一根一根地拔出来，忍受那刻骨铭心的疼痛！

当新的指甲长出来之后，它们便把又浓又厚的羽毛，从自己的皮肤上一根一根地拔出来。新的羽翼，要等5个月之后才会重新长出来。这一系列的过程，全部都由老鹰独自完成，不容胆怯，也不容失败。获得新生后的老鹰，可以流光溢彩地再活30年，一个全新的30年！

附录三 五十岁的我，四十岁的鹰

虽然没有人见过贵为百鸟之王的凤凰，但是却有很多人见过自由自在、无拘无束地翱翔于天空的雄鹰。我认为，40岁的老鹰自甘痛苦重获新生的过程，无疑就是传说中的凤凰涅槃。我虽然不是凤凰，也不是可以翱翔天空的雄鹰，但是我想我完全可以像40岁的老鹰那样，在将知天命的时候作出自己的新生抉择——离开部队，重新创业！

按照现行的军官管理政策，全日制博士在毕业之后的5年内，能被批准转业者可谓凤毛麟角。5年之期，似乎已是部队目前通行的不容轻易更改的规定。作出转业决定的时候，我全日制博士毕业还不到半年，以我的博士学历，尤其是以我在舰队担任首席法律顾问的资深经历，我完全可以靠"吃老本"在部队安度余生，直至光荣退休。

事实证明，首长机关对我业务能力的认同与信任都很高，而且也基于这种信任给了我许多额外的关怀和照顾。比如，让我作为军事法律顾问出国学习交流，让我以实职正团的身份脱产去读全日制法学博士。而且，在我脱产读博期间，首长机关并没有按照离职脱产3个月就要被免职的惯例免掉我的舰队法律服务中心主任之职，这就使我在脱产上学期间

"水兵律师"王明勇

还有自己的专车和一定数额的可以相对自由支配的专项经费，我也因此而成为一名相对特殊的学生。在首长机关信任有加的情况下，刚刚博士毕业不久的我完全可以选择留在部队，但是我却毅然决然地选择了告别已经熟悉到不能再熟悉的军营，几乎从零开始艰难创业，着力打造一家能够打上时代烙印的具备一定军民融合特色的专业律师事务所。

故事讲到这里，恐怕老师和同学们都已经明白为什么《"水兵律师"王明勇》一书的封底会有一只展翅翱翔的老鹰了。我认为其中的含义有三：一是期待自己像40岁的老鹰那样，能够在历经苦难之后凤凰涅槃；二是希望年轻的律师同行能有"天高任鸟飞"的胆识和胸怀；三是取其谐音为"赢"，毕竟我们是做律师的，凤凰涅槃只是手段，打赢官司才是目的。

最近，我常想，人过50就跟活到40岁的老鹰差不多，越来越多的名利累赘和财富积累，既像老鹰那又浓又厚的羽毛，又如同它那已经长到能够弯到胸膛的喙，那青春不再的脸庞，尤其是那日渐消磨的斗志，无一不像老鹰那日甚一日地趋于老化的爪子。在这种情况下，如果我们不想就这样一天又一天、一年又一年地浪费那过一天就少一天的大好时光，就应该学一学 40 岁以后甘愿忍受痛苦而浴火重生的老鹰。通过这个故事，我真切地希望老师和同学们在今后，都能重新审视自己，调整好自己的心态，换一个新的活法，跟 40 岁的老鹰一样，自愿摒弃打牌或上网熬夜、抽烟酗酒或懒惰不愿意下地锻炼等不良嗜好，从而重新焕发青春活力，潇潇洒洒地再活五十年！

我今天的故事就讲到这里，谢谢大家！

王明勇

2017 年 10 月 2 日

附录四

虽然很年轻，但我们一定会很努力

——在山东水兵律师事务所开业典礼上的致辞

尊敬的各位来宾，女士们、先生们，中午好！

首先，请允许我代表山东水兵律师事务所的全体同仁，向各位来宾的到来表示最热烈的欢迎和最衷心的感谢！

今天帮助我们山东水兵律师事务所隆重揭牌及前来祝贺的嘉宾，有海军北海舰队原副政治委员钱建军将军，海军北海舰队原政治部副主任张振华将军，海军潜艇学院原副院长王克昌将军，原总后勤部青岛交通运输基地主任刘好信大校，原海军北海舰队司令部管理处主任董春荣大校，原青岛市司法局局长郑可悌先生，原青岛市中级人民法院副局级审判员王庆三先生，山东省烹饪协会副会长、著名美食家李东深先生，

附录四　虽然很年轻，但我们一定会很努力

原青岛市市南区人民法院刑庭庭长刘峰松先生，以及青岛展宇钢铁加工有限公司总经理娄更新先生，青岛猎鹰滑翔投资有限公司总经理罗中良先生，青岛成龙教育心理学院院长马小清女士，青岛绿光博源英语李沧分校校长孙贤惠女士，青岛华俞兴业名品销售有限公司总经理崔焕花女士，山东鲁安安保服务公司总经理、前澳柯玛女足前锋徐利利女士等众多亲朋故旧和良师益友。在此，让我们再一次以最热烈的掌声，对各位嘉宾的到来表示最衷心的感谢！

过去，有句耳熟能详的话，叫"亦师亦友"。其实，对我个人而言，面对尊敬的钱建军将军和张振华将军，这句话应该再加上四个字，叫"亦师亦友，如兄如父"。此时此刻，在激动兴奋与感恩和感谢之余，我想代表山东水兵律师事务所的全体同仁说三句话，同时也是表达我们水兵律所的三个心愿：

一是吃水不忘挖井人。我从一名普普通通的农家孩子，一名平平凡凡的潜艇水兵，一步一步地成长为一名法学博士和资深律师，既离不开国家的培养和教育，也离不开首长的提携和帮助，更离不开亲朋好友的理解和信任、关怀和照顾。毫无疑问，山东水兵律师事务所之所以能在如此短暂的两个月时间内,而且是以这样一个看起来平凡普通,而事实上却又个性鲜明的(一般人都认为不可能得到司法行政部门审批通过的)名字得到依法设立,既离不开国家给予复转军人的利好政策,离不开各级司法行政机关服务意识和服务质量的真正提高,也离不开朋友们的大力助推。所有这些,都让我们感激不尽。今后,我们山东水兵律师事务所一定深怀感恩之心,以自己的真诚和热情,服务社会、报效国家、回馈亲朋!

二是秉承大国工匠精神精益求精。毋庸置疑,无论民族的复兴还是国家的强胜,都离不开大国的工匠精神。而公平正义在法律上的充分体现和真正实现,也必然离不开大国工匠精神的强力支撑和不折不扣的贯彻落实。今后,山东水兵律师事务所将一如既往地秉承"如切如磋,如琢如磨"的工匠精神,内练素质、外树形象,以加倍的努力和积极进取的心态作好学习型律师与学者型律师的同时,踏踏实实、认认真真地做好每一个案件,不辜负当事人的信任和重托。

三是不忘初心,牢记使命,砥砺奋进。"不忘初心,方得始终"是《华严经》中的经典名句,大意是说"只有坚守本心信条,才能德行圆满"。作为一名部队培养的律师,我虽然

附录四　虽然很年轻，但我们一定会很努力

谈不上十分优秀，但却可以非常自豪地说我绝对是合格的律师。我们山东水兵律师事务所作为一个以复转军人和党员骨干为主体的，以打造军民融合法律服务团队为特色的律师事务所，将会时刻牢记使命，知道自己是怎么来的，从哪里来的，也一定会时刻保持理智和清醒的头脑，知道自己应该干些什么和为谁而努力奋斗。只有这样，才能不忘初心，永保本心，永不变心，主动作为，砥砺奋进！

最后，让我们以实际行动，衷心祝愿我们的祖国更加繁荣昌盛，祝愿我们的人民更加幸福安康，祝愿我们的事业蒸蒸日上，祝愿我们的身体健健康康！

我的发言到此结束，谢谢大家！

王明勇

2017 年 8 月 9 日

电子邮箱：wmywzgl2016@163.com

个人微信号：